BIBLIOTEKA **BEZ DLAKE NA JEZIKU**

NACIONALNI PARK
SRBIJA²
POLUSMAK POLUSVETA

NAPISAO
DRAGOLJUB LJUBIČIĆ MIĆKO
ILUSTROVAO DOBROSAV BOB ŽIVKOVIĆ

Kreativni centar

POSVETA

Posvećujem ovu knjigu svima koje volim, uključujući i Srbiju.

Potom je posvećujem svima onima koji su pročitali i zavoleli prvi deo, pa poželeli i dočekali da napišem i drugi.

Deo posvete, ali sa drugačijim emotivnim predznakom, ide i onima koji nisu pročitali ni prvi, ni drugi deo i verovatno nikad i neće, iako su pomenuti u bar jednom od njih.

I, na kraju, želeo bih da ovo što sledi posvetim dr Rudolfu Arčibaldu Rajsu, velikom prijatelju Srba i Srbije za vreme i posle Prvog svetskog rata, čoveku koji je pred sam kraj života napisao iskrenu i veoma važnu knjigu (izdatu, po njegovoj izričitoj želji, tek pošto je umro), pod upozoravajućim nazivom ČUJTE, SRBI! (ČUVAJTE SE SEBE). Ta knjiga je nastala 1928. godine, iz najbolje namere da se napravi prijateljski ali gorak, kritički osvrt na tadašnju srpsku državu, pre svega kroz analizu srpskog mentaliteta tog davno prošlog vremena. Međutim, njen krajnji efekat je zastrašujući utisak da je napisana ne danas, nego maločas...

Zato je greota ne pročitati je.

VIŠE NIŠTA NEĆE BITI ISTO, OSIM...

Na dan 24. septembra 2000, tačno devet meseci posle dolaska na svet knjige **Nacionalni park SRBIJA** (izašla 24. decembra 1999), u tom istom Nacionalnom parku dogodio se – **Izborni Udar**. Bio je (ne)očekivano snažan, ali su prave posledice počele da se osećaju tek jedanaest dana kasnije (5. oktobra), kada se, usled tog **Izbornog Udara**, praktično dogodio lokalni **SMAK SVETA**! U bukvalnom prevodu – veliki broj **ENDEMSKIH VRSTA** iz Parka našao se pred istrebljenjem!

E sad, neki nepopravljivi optimisti kažu da je to u stvari bio **SMAK PROBISVETA**, odnosno da je potpuni nestanak pretio samo onim najviše degenerisanim vrstama iz Parka.

Opet, najveći broj onih koji sebe smatraju realistima tvrdi da ne može biti govora ni o SMAKU SVETA, ni o SMAKU PROBISVETA, jer se u stvari dogodio **POLUSMAK POLUSVETA**, redak ali istorijski poznat fenomen čija je najvažnija posledica samo privremeno i samo polovično nestajanje onih najdegenerisanijih vrsta.

Među one koji to tvrde spada i pisac ovih redova, pa otud i naslov knjige.

Međutim, ono što je sasvim sigurno jeste to da je od tog trenutka, od POLUSMAKA POLUSVETA, ili kako god ga neki drugi zvali, zaista došlo do naglog i drastičnog poremećaja u SVIM aspektima života SVIH vrsta u Nacionalnom parku SRBIJA... Neke od njih su, dakle, privremeno nestale s vidika od siline Izbornog Udara, a neke druge se pojavile niotkuda; neke od postojećih vrsta su privremeno izbile u prvi plan, a neke se sasvim pritajile. Trajno? Privremeno? To se u Nacionalnom parku SRBIJA nikad ne zna.

Ali se zato zna da je veoma velikom brzinom počelo pretvaranje *sive ekonomije* Nacionalnog parka SRBIJA u *zaslepljujuće belu*, takozvanu „deterdžent-ekonomiju".

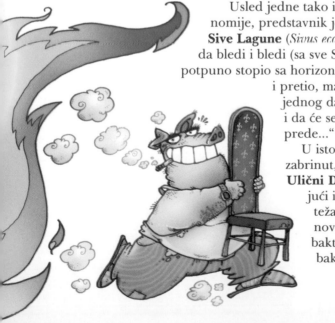

Usled jedne tako iznenadne tendencije *beljenja* ekonomije, predstavnik jedne od **endemskih vrsta**, **Biće Iz Sive Lagune** (*Sivus economius creatura*), preko noći je počeo da bledi i bledi (sa sve Sivom Lagunom), sve dok se nije potpuno stopio sa horizontom. Psovao je taj, proklinjao i pretio, mada sa bezbedne daljine, da će se jednog dana, čim bude mogao, sigurno vratiti i da će se tad videti „čija majka sivu vunu prede..."

U isto vreme je, vidno uplašen i veoma zabrinut, u istom pravcu nestao i **Markantni Ulični Diler** (*Devizus devizus devizus*), ostavljajući iza sebe samo sluzav trag i specifičan, težak vonj bakteriološki neispravnih novčanica, dugo pretumbavanih bakteriološki neispravnim rukama po bakteriološki neispravnim džepovima.

Čak se i jedan, do juče svemoćni **Nadrndani Carinski Službenik** (*Drndus murius pauza*) našao u čudu jer je iznenada trebalo da se odrekne svoje poslovične *nadrndanosti* i arogancije i da proba da preživi neposredne posledice POLUSMAKA POLUSVETA – otvaranje Nacionalnog parka SRBIJA prema **Neprijateljskom Svetu** (*Trulus zapadus*). Pošto bi tog trenutka automatski postala marginalizovana njegova *pandurava* uloga prilikom budućeg eventualnog prelaska pre svega **Zapostavljenog Građanina** (*Trinaestus prasus*) preko državne granice, shvatio je da bi ostatak svog radnog veka morao da provede kao **Normalni Carinski Službenik** (*Drndus pasport*). To je za njega bila toliko tužna i ružna perspektiva da se, po svoj prilici, zbog toga na neodređeno vreme „izgubio", a, neki kažu, i pomalo skrenuo pameću. Navodno je upao u takozvanu *carinsku depresiju*, teško izlečivu bolest koja redovno pogada **Nadrndane Carinske Službenike** neposredno po ukidanju sankcija.

Jedni, koji su nedavno videli depresivni primerak te vrste, kažu da je izgledao sasvim izgubljeno i da je počeo da halucinira kako otima jedan veći carinski prelaz i kreće da se bavi isključivo *privatnom* carinskom praksom. Naravno, na svoj oprobani, nadrndani način.

Drugi pak tvrde da su svojim očima gledali grupicu nimalo „promenjenih" **Nadrndanih Carinskih Službenika** kako usred carinskih prostorija igraju **tombolu** s gomilom sitnije robe (konkretno, kreme za negu kože!), oduzete tog radnog dana navodno zbog „carinskog pregleda" (ovo nije retka pojava i interno je zovu **tomb**(o)**la než** – što bukvalno znači „pada sneg", dok u „carin-skom" prevodu to znači: *tombola* sa sredstvima za negu, dakle, za *než*nu kožu).

Poslednji primer, jasno je, govori u prilog teoriji o toj **polovičnosti**, odnosno o samo **delimičnom** nestanku nekih od najdegenerisanijih vrsta.

Još samo nešto... Da ne biste bili zatečeni naslovom kad budete okrenuli sledeću stranicu, treba da znate da su se u Nacionalnom parku SRBIJA posle **Izbornog Udara** pojavile i neke vrste koje u njemu do tada nisu postojale ili nisu bile u dovoljnoj meri primećene. Zato smo ih nazvali **NOVOPRIMEĆENIM VRSTAMA** i njih ćemo vam prve predstaviti, onoliko detaljno koliko smo u stanju.

Potom ćemo se malo više pozabaviti **endemskim vrstama**, onim odranije poznatim žiteljima Nacionalnog parka SRBIJA, od kojih su neki opravdano odsutni, a drugi su se u određenoj meri (čitaj – polovično) promenili. Vreme i događaji su snažno delovali na sve, a opet, na svakog različito.

Jedino oko čega se svi slažu jeste da posle POLUSMAKA POLUSVETA u Nacionalnom parku SRBIJA više ništa ne može i neće biti isto!

Osim onoga što hoće.

NOVOPRIMEĆENE VRSTE

Nismo još uvek u stanju da napravimo potpunu analizu svake od **novo-primećenih vrsta**, jer je potrebno malo duže vreme da se jedna nova vrsta „zapati" u Nacionalnom parku SRBIJA u onoj meri koja je neophodna za preciznije određivanje njenog mesta i uloge u Parku, kao i njenog odnosa sa drugim vrstama.

Dakle, sve dok ne prođe dovoljno vremena, **novoprimećene vrste** neće imati potpunu i jasnu klasifikaciju, jer su to još uvek ili vrste u začetku, ili uhvaćene usred adaptacije, presvlačenja, mimikrije i ostalih promena oblika ili agregatnog stanja. Uz to, za mnoge od njih još uvek se ne zna ni da li im uopšte odgovara konstantno nestabilna klima Nacionalnog parka SRBIJA, te da li zbog takve klime mogu unutar njega da opstanu i, eventualno, postanu STALNE vrste ili su tu samo privremeno, na kraćem gostovanju, u prolazu.

Novoprimećena podela...

Novoprimećene vrste možemo uslovno podeliti na **spoljne** (one koje nisu izvorno iz Nacionalnog parka SRBIJA i **unutrašnje** (one koje su izvorno iz Parka).

Fini (i) **Uglađeni** (ali) **Jako Prepredeni Bankar** (u narodu prozvan *Njam-kam*)

Od tih **spoljnih novoprimećenih vrsta**, a trenutno prisutnih u Parku, možemo da spomenemo sledeće:

– **(Na)Strani Investitor** (ili *Stranvestitor* ili *Stranvestit*)

– **EUroopičeni EUrolog** (povremeno ili stalno prisutan kao *nEUmoljivi stručno-nadzorni organ*)

Prevejani Perač Para (s nadimkom *Maestro di „keke bjanke"*)

Razmahani Domaći Tajkun (i to u dve varijante: *Selica* ili **pobegač** i *Stanarica* ili **preuzimač**)

A evo sad i nekih **unutrašnjih novoprimećenih vrsta**:

– **Podmlađeni Medijski Mogul** (s nadimkom – *Pinkidinkis Nikonedotakis*)

Zasad su, dakle, samo ovi uzorci primećeni i koliko-toliko obrađeni. Možda će ih u budućnosti biti i više, ali to u ovom trenutku ne možemo da znamo.

Osim toga, kao što vidite, baratamo samo s nadimcima, jer još uvek nemamo njihove adekvatne šarlatinske nazive, iako zbog toga svakodnevno zovemo *Zavod za urgentno obaveštavanje o imenu, veličini i granicama države, o izgledu grba i zastave, o broju strofa i verziji teksta himne, o ovonedeljnim promenama naziva ulica i o šarlatinskim nazivima* **novoprimećenih vrsta**.

Fini (i) Uglađeni (ali) Jako Prepredeni Bankar
(u narodu poznatiji kao Njam-kam)

O ovoj **spoljnoj novoprimećenoj vrsti** veoma se malo zna jer se pojavila tek posle **POLUSMAKA POLUSVETA**.

Kažu da to nije prvi put da je **F/U/J/Prepredeni Bankar** prisutan u ovim krajevima (postojao je i pre i za vreme **Anteozoika**, ako se uopšte sećate šta to beše, a ako ne, pogledajte u prvom delu knjige „Nacionalni park SRBIJA"), ali isto tako kažu i da nikad ranije nije svojim komplikovanim delovanjem u toj meri opravdavao svoje komplikovano ime. A i narodsko ime *Njam-kam*, koje je dobio ubrzo po primećivanju, izgleda da mu sasvim pristaje.

Ono što o njemu sa sigurnošću možemo da kažemo jeste samo odakle dolazi i čime se hrani.

Čime se hrani...

Kao što **koala** isključivo jede lišće **eukaliptusa**, tako se i **F/U/J/Prepredeni Bankar** hrani isključivo **Kamatom** (*Interes interes interes interes interes*), jednom veoma nepredvidljivom, mesečnom, godišnjom ili višegodišnjom biljkom. Zašto nepredvidljivom? Zato što se nikad ne zna da li će da poraste, da li će da se smanji ili će da ostane tamo gde je, onolika kolika je.

PRVOROĐENČE

Nemali broj znatiželjnih stanovnika Nacionalnog parka SRBIJA pokušavao je da posmatranjem dođe do odgovora na pitanje šta se to dešava s **Kamatom**, ali bez mnogo uspeha. Odgovor se izgubi negde na pola finog ali prepredenog objašnjenja koje dobiju od **F/U/J/Prepredenog Bankara**.

Odakle dolazi...

Sasvim je izvesno da **F/U/J/Prepredeni Bankar** dolazi iz onoga što se u Nacionalnom parku SRBIJA pamti kao **Neprijateljski svet** (*Trulus zapadus*), iako je i to neprijateljstvo počelo da bledi vremenom, kao posledica nešto malo jednostrano datih para, nešto malo obostrano datih obećanja i nešto malo više obostrano neispunjenih obećanja.

Razgovor F/U/I/Prepredenog Bankara s Naivnim stanovnikom Parka...

Naivni stanovnik Parka: Čuo sam, **Komšija** (→),
da imate nekih problema s tom vašom **Kamatom**
i da vam to utiče na redovnu ishranu... Je l' to istina?
F/U/J/Prepredeni Bankar: Paa, bilo je problema. A da
mi utiče na ishranu – utiče! Jer, znate, moja **Kamata** je
na početku bila prilično velika...
Naivni stanovnik Parka: Je l'? A ja sam mislio da je
prvo bila mala, pa onda porasla...
F/U/J/Prepredeni Bankar: Neee! Naprotiv, ona je prvo
bila jaaaako velika, pa je posle pala!
Naivni stanovnik Parka: Uh, a gde je to pala, komšija?
F/U/J/Prepredeni Bankar: Dole! Sunovratila se!
Naivni stanovnik Parka: Uh, baš mi je žao! A odakle
je pala?
F/U/J/Prepredeni Bankar: Pala je sa projektovanih
7% mesečno! Bilo je jezivo!
Naivni stanovnik Parka: C,c,c, strašno... A na
šta je pala?
F/U/J/Prepredeni Bankar: Pala je na ispod 5%!
Naivni stanovnik Parka: Mesečno?!
F/U/J/Prepredeni Bankar: Ne, nego godišnje!
Naivni stanovnik Parka: Auu, pa je l' sad sve
u redu s tom vašom **Kamatom**?
F/U/J/Prepredeni Bankar: Ne znam šta da
vam kažem... Trenutno miruje.
Naivni stanovnik Parka: Hvala bogu samo
kad je dobro... A dokle treba da miruje?
F/U/J/Prepredeni Bankar: Dok ne bude
spremna da skoči. Nadam se, uskoro...
Naivni stanovnik Parka: E baš se radujem!
A onda ćete moći da se njom hranite normalno,
mislim, kad malo uznapreduje?
F/U/J/Prepredeni Bankar: Nadam se. Mada,
nije meni toliko za mene. Ja brinem o vama
i drugima kao što ste vi, da se vi ne sekirate
zbog moje **Kamate**...

HIPOTEKA

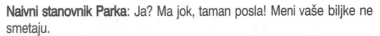

Naivni stanovnik Parka: Ja? Ma jok, taman posla! Meni vaše biljke ne smetaju.

F/U/J/Prepredeni Bankar: Ma naravno. Nego, mislim, s obzirom na to da vam se i ona moja **Hipoteka** nadvila nad kućom...

Naivni stanovnik Parka: Ona vaša druga biljka? Ma kakvi! Ništa ona meni ne smeta. A ako bi vaša **Hipoteka** baš počela da prelazi kod mene, ja bih uzeo **KreDiDiTi**, i sprečio je da mi padne na kuću!

F/U/J/Prepredeni Bankar: Mmda, ali ona i jeste tu zato što ste onomad uzeli previše **KreDiDiTija**.

Naivni stanovnik Parka: Znam, al' zato ga sad i imamo dovoljno! Uzmemo ga i žena i ja, pa ga dooobro isprskamo po vašoj **Hipoteci** dok je njime sasvim ne pokrijemo. A i deca vole da se prskaju, pa se tako, dok prskamo **Hipoteku**, cela porodica igra...

F/U/J/Prepredeni Bankar: To je u redu, ali nemojte baš mnogo da se igrate s **Hipotekom**. Tako je i vaš komšija navukao svoju porodicu da se igraju s **Hipotekom**, pa mu ona umalo nije odnela kuću!... Mislim, **Hipoteka**, a ne porodica! Jedva ju je zadržao!... Mislim, kuću, a ne **Hipoteku**... A i porodicu, mada se i porodica spremala da ode – da je otišla kuća.

Naivni stanovnik Parka: Ma, što kaže naš narod – Neće valjda to baš meni da se desi! Nema šanse!

F/U/J/Prepredeni Bankar: Jeste, tu ste u pravu. Meni je, u svakom slučaju, u **Kamati** ... ovaj, u interesu da je vama dobro!

Naivni stanovnik Parka: E hvala, komšija... Iz toga se vidi da ste dobar čovek!

→**Komšija** – neka nikoga ne čudi ovakva prisnost **Naivnog stanovnika Parka** sa **F/U/J/Prepredenim Bankarom**, jer su mu brojne filijale **F/U/J/Prepredenih Banaka** zaista zaposele komšiluk. Pored toga, taj isti **Naivni stanovnik Parka** svakodnevno viđa njihove *epsko-lirske antireklame*, pa su mu **F/U/J/Prepredeni Bankari** češće pred očima nego sopstvena porodica.

(Na)Strani Investitor
(ili Stranvestitor ili Stranvestit)

Prvi **(Na)Strani Investitori** takođe su **spoljna novoprimećena vrsta** koja se u Nacionalnom parku SRBIJA pojavila relativno brzo posle **Izbornog Udara**, kao da su čekali iza ćoška. A verovatno i jesu. Ušetali su dok se još nije slegla ni prašina i dok su mnoge vrste tumarale unaokolo dezorijentisane ili potpuno izgubljene, mnoge od njih i ne sluteći da se nalaze tek na početku onoga što ćemo nešto kasnije nazvati **POLUSMAKOM POLUSVETA**.

(Na)Strani Investitori (*Stranvestiti*) su, međutim, u Park ušli sasvim pribrani i rešeni da u što kraćem roku zadovolje samo jedan kriterijum: *Stranvestirati* (strateški investirati, obično s neočekivane strane) **u nešto konkurentno na tržištu Nacionalnog parka SRBIJA, što će im u skoroj budućnosti vratiti uloženo i nastaviti da donosi lep profit**.

Ovde moramo da naglasimo da ipak treba razlikovati **(Na)Stranog Investitora** od njegove **podvrste**, koja je takođe **novoprimećena** u Nacionalnom parku SRBIJA, a koju bismo mogli uslovno nazvati **Fondolazeći Kupoprodavac** (predstavlja se sa: **My name is Fond ... James Fond**), koja hoće nešto slično kao i **(Na)Strani Investitor**, ali samo ako može na brzaka. Drugim rečima, njeni predstavnici nisu toliko zainteresovani za **dugoročno strateško ulaganje**, koliko za **kratkoročno kupoprodajno drpanje i potom ekspresno beganje!**

Ali, vratimo se **(Na)Stranim Investitorima**, koji su se u međuvremenu razmileli po čitavom Nacionalnom parku SRBIJA i pažljivo birali, pokušavajući da pronađu u šta je najbolje *stranvestirati*, a da se ne pogreši.

FONDOLAZEĆI KUPOPRODAVAC

Dakle, upravo u tom pokušaju da ne pogreše u *stranvestiranju*, **(Na)Strani Investitori** su napravili svoj najveći previd... Propustili su da *stranvestiraju* u možda jedini **domaći proizvod** standardnog, nepromenjenog kvaliteta, naš najstariji *brend*, na kojem bi sigurno, u perspektivi, najviše zaradili – u **GLUPOST**! I to ne *stranvestirati* u bilo koju vrstu gluposti, već u onu najozbiljniju, koja ima najveći i najvažniji uticaj na Nacionalni park SRBIJA, a to je **Društveno-Političko-Ekonomska Glupost**. Jer, da su se **(Na)Strani Investitori** samo malo ozbiljnije pozabavili istraživanjem dosadašnje prozvodnje **D/P/E Gluposti** u Nacionalnom parku SRBIJA, lako bi došli do sledećih zaključaka:

MOGUĆNOSTI ZA PROIZVODNJU GLUPOSTI ogromne	POGONI ZA PROIZVODNJU GLUPOSTI na svakom koraku	PROIZVODNI TROŠKOVI ZA PROIZVODNJU GLUPOSTI minimalni	ORGANIZACIJA PROIZVODNJE GLUPOSTI besprekorna

ASORTIMAN GLUPOSTI
neograničen

DISTRIBUCIJA GLUPOSTI
izvanredna

KVALITET GLUPOSTI
vrhunski

PONUDA GLUPOSTI
24 sata dnevno /
7 dana
u nedelji /
365 dana
u godini

POTRAŽNJA ZA GLUPOSTIMA
zasad mala,
ali **nije bilo reklame**

Dakle, objektivno, jedino u šta bi zaista trebalo uložiti je – **reklama**. Sve ostalo je tu. Da bi počela reklamna kampanja, što je preduslov za potražnju, dovoljno bi bilo, za početak, istaći **tablu** na ulazu u Nacionalni park SRBIJA, na kojoj bi pisalo:

DOBRO DOŠLI U NACIONALNI PARK *SRBIJA!*
MI PRAVIMO GLUPOSTI
(since 1389)

Ne bi čak bilo neophodno naglašavati ni *kakve* gluposti se tu prave, jer kod oglašavanja je i tako najvažnije privući pažnju, zainteresovati potencijalnog potrošača, a tek ga onda detaljnije informisati.

S druge strane, možda je i dobro da se dosad niko od **(Na)Stranih Investitora** (*Stranvestita*) nije dosetio da uloži u ovdašnje **Gluposti**, jer još uvek postoji mogućnost da to učini neki od domaćih investitora, recimo **Razmahani Domaći Tajkun**. Jer, **Gluposti** su roba kao i svaka druga i, ako se dobro upakuju, mogu da se izvoze u svet i da od tog posla svima bude lepo (i glupo).

Istini za volju, izvoze se **Gluposti** iz Nacionalnog Parka SRBIJA i ovako u svet, ali tamo imaju slabu prođu, jer su **loše upakovane**. Najodgovorniji za to su oni koji **upravljaju** Parkom, jer ne umeju (a neće ni da pitaju, ni da nauče) da bolje upakuju bar one količine **Gluposti** koje sami proizvedu, kako bi ih, tako upakovane, izneli na **Svetsko Tržište Gluposti** koje, uzgred, u poslednje vreme ne prestaje da se širi i ubrzano razvija.

EUroopičeni EUrolog
(nEUmoljivi stručno-nadzorni organ)

Još jedna od **spoljnih novopri-mećenih vrsta**, o kojoj se zna **nešto malo više** u odnosu na ostale **novoprimećene**, jer se intenzivno muvala po okolnim Parkovima i mnogo pre **Izbornog Udara** i **POLUSMAKA POLU-SVETA**, stalno virkajući preko tada neprovidnih i, za predstavnike ove vrste, neprolaznih granica Nacionalnog parka SRBIJA.

Zašto je pristup ovoj vrsti bio zabranjen do tada? Zato što je **EUroopičeni EUrolog** *stručno--nadzorni organ* iz oblasti **EUrologije**, nauke koja se bavi uslovima i posledicama ulaska čitavog niza prethodno izolovanih Nacionalnih parkova u **Evropu** (*Evro-opa!*).

Prvi deo naziva **EUrologija** je oznaka **EU** (što bi trebalo da znači *Evo Utopije*, ili *Evo, Uđite*, ili *Evro Uđe*, pa čak i *Ej, Uđosmo* ili *Evropi Uđosmo*), a drugi deo dolazi od naziva grane medicine **urologije** (bolesti i lečenje urogenitalnih organa i funkcija), a spojeno u **EUrologija** govori o reakcijama na samo pominjanje ulaska u **EU** – (e)uriniranje unutar gaća od sreće zbog mogućnosti ulaska, kod nekih, i iznenadni bol u genitalnoj zoni kao posledica ravnodušnosti zbog toga, kod nekih drugih.

BAŠ ME ZABOLE!

UH, ŠTO ME BOLI!

BOLI, BOLI...

EUroopičeni EUrolog gotovo da i ne izlazi iz Parka, jer je tu da nadgleda proces pripreme Nacionalnog parka SRBIJA za budući ulazak u **EU**, a to znači i upoznavanje žitelja Parka sa još jednom naukom, izvedenom iz **EUrologije**, a to je **EUrotika** (→).

→ **EUrotika** je nauka koja se bavi svim mogućim i nemogućim **jebadama*** koje treba prethodno prevazići da bi se jednog dana Nacionalni park SRBIJA priključio **EU**.

* **jebada** – seksualna igra bez zadovoljstva, za razliku od:

lambada – zadovoljstvo igranja bez seksa

Tako dolazimo i do **EUroopičenosti**, kao prvog dela imena **EUroopičenog EUrologa**, koja opravdava tu njegovu **nadzornu** funkciju, jer označava stepen stručnosti za dijagnosticiranje **stanja svesti** Nacionalnog parka SRBIJA kao organizma, i za sagledavanja njegovog ukupnog **ZdravstvEUnog stanja**.

E sad, da bi se do toga došlo, potrebno je izvršiti niz pregleda i obaviti mnogo analiza pred budući ulazak u **EU**. A **EUroopičeni EUrolog** je tu da to nadzire.

I u ovom trenutku su ti pregledi u toku i jedino što možemo da pokažemo je neka vrsta preliminarnog izveštaja o onome što je završeno i o onome što se još uvek radi ili će tek biti urađeno.

Preliminarni Izveštaj EUroopičenog EUrologa

Opšte **stanje svesti** pacijenta je nedovoljno stabilno. I dalje se preporučuje detaljan **EUropsihijatrijski pregled** na svakih mesec dana.

Periodi promenljivog raspoloženja prema **EU**, izazvani visokim političkim pritiskom i to, pre svega, donjim (tzv. „kosovskim"), dok je gornji (tzv. „vojvođanski") uglavnom stabilan, sa tek povremenim skokovima. Pozadinski („eMeMeFni") pritisak takođe je konstantno visok, a na momente i veoma bolan.

Još uvek ne postoji finalna **analiza krvi**, koja se radi u specijalizovanoj laboratoriji u **Hagu**, jer je neophodno doći do izuzetno detaljne i precizne **krvne slike**, a po sasvim novom principu, gde se **sva krv sliva u jedan Sud**. Ipak, neki od rezultata već postoje i nisu baš ohrabrujući:

- primećen je višak **EUkocita** (organizam se i dalje bori protiv **EU**), postoji rizik od **EUkemije**
- nivo **hEUmoglobina** je nizak (hroničan nedostatak **globina**, katalizatora **globalnog razmišljanja**)
- **sEUdimentacija** na granici normale (možda kao posledica neke vrste **EUforije**)
- **triglicEUridi** zabrinjavajuće visoki (postoji realna opasnost od novog **Izbornog Udara**).

Još uvek su u toku **intEUrnistički pregled** (stanje unutrašnjih organa), **ortopEUdsko-nEUrološki pregled** (primećena hronična utrnulost, koja se smenjuje s bolnim osećajem oduzimanja jednog od donjih „ekstremiteta", a što u krajnjoj liniji može dovesti i do amputacije), detaljan **ginEUkološki pregled** (s obzirom na to da postoji i sumnja na neke **venEUrične bolesti**, pristigle iz **Neprijateljskog sveta** (*Trulus zapadus*), imajući na umu povećan broj **picajzli** (*pEUdiculis pubis*) koje neprestano stižu u Nacionalni park SRBIJA iz tog pravca).

I na kraju, postoji sumnja na ozbiljno oštećenje **EUstahijeve trube**, koje dovodi do selektivne gluvoće na neke od stvari koje se već dugo **sugEUrišu**, ali bez dovoljno vidljivih, odnosno čujnih rezultata.

Prevejani Perač Para
(s nadimkom Maestro di „keke bjanke")

Evo nas sada među **unutrašnjim novoprimećenim vrstama**, odnosno među onima od njih koje su se posebno istakle od **Izbornog Udara** naovamo.

Prevejani Perač Para (**P/P/P**) je neko čije ime i osnovnu delatnost nije potrebno previše objašnjavati. Budući da ima toliko izraženu, gotovo patološku **sklonost ka higijeni novca** (→) (što je eufemizam za „pranje para"), on to ne radi samo za svoje potrebe, nego i za potrebe drugih *prevejanih* vrsta u Nacionalnom parku SRBIJA. Zato je vrlo brzo postao popularan i omiljen u Parku. Čak i taj naziv (*Maestro di „keke bjanke"*, a prevodi se kao *Majstor za „bele"* ili *„čiste" pare*), koji je dobio ubrzo po intenziviranju svojih aktivnosti, ima više simpatično-ironični nego kriminalni prizvuk.

Postoji teorija o korenu prvog dela njegovog imena – **Prevejani**. Osim osnovnog značenja (*prevejan* = lukav + iskusan + još ponešto, teže opisivo), postoji još jedno značenje. Naime, *prevejanost* **P/P/P**-a je osobina zbog koje za njega nema mnogo rizika, odnosno **nema zime** u Nacionalnom parku SRBIJA, a pošto zimi ume da veje sneg, treba znati da **za njega sneg nikad ne veje**, odnosno – za njega je klima uvek povoljna, kao **pre vejanja** (*prevejan ja*, to jest **on**).

Ovde nije loše pomenuti i **Srberzanskog Mešetara** (*Srbrokera*) kao jednu podvrstu **P/P/P**-a koja se pojavila sasvim iznenada, zapravo onog trenutka kada se pojavila **Srberza** (*još se ne zna tačno šta je to, ali izgleda da je u pitanju nekakvo mesto na kojem bi **Srbi** legalno ali **na berzinu** da se obogate*). Naravno, i **Srberzanski Mešetar** je shvatio da može i sopstvenu, često nečistu lovu da propere na **Srberzi** i da se tako i on **berzom berzinom** obogati. Prevejano, a?

ČISTO &BELO

→ **Sklonost ka higijeni novca** – koliko je postala prisutna i interesantna posle **POLUSMAKA POLUSVETA** može se videti i iz ekonomsko-propagandnih poruka, nastalih u to vreme. Evo jedne, veoma popularne:

Pogledaj, šta se ono tamo onako zaslepljujuće beli?

Kako ne znaš? To je sveže opran prljavi novac.

Ah! Tako bih želela da i moj prljavi novac bude tako temeljno opran i zaslepljujuće beo!

Ništa ne brini! Sada je to skoro sasvim legalno i moguće. Dođi da ti objasnim...

RAZUMLJIVO JE DA SVI ONI KOJI IMAJU JAKO PRLJAV NOVAC IZNAD SVEGA ŽELE DA ON BUDE TEMELJNO OPRAN I ZASLEPLJUJUĆE BEO, JER ... *RAD NA BELO JE – RAD NA BELO!*

Šta sam ti rekla?! ... Sada ni tvoj najprljaviji novac više nije prljav, već savršeno opran i zaslepljujuće beo!

(presrećno, za kraj) Neverovatno! Kako će se samo moj Dule iznenaditi kad izađe iz zatvora!

Razmahani Domaći Tajkun
(novoprimećen u dve varijante:
Selica ili pobegač i Stanarica ili preuzimač)

Ne bi se moglo reći da vrsta koju smo ovde ubrojali u **novoprimećene** – **Razmahani Domaći Tajkun** ili, skraćeno, **Ra/Do Tajkun** – nije postojala i pre **Izbornog Udara** i da nije imala nikakvog uticaja na zbivanja u Parku. Međutim, do tada je **Ra/Do Tajkun** uglavnom bio **manje vidljiv** (ili bar **ne toliko primećen**), krio se iza nekih drugih vrsta, odnosno umeo je savršeno ubedljivo da imitira **Beskrupuloznog Političara** (*Smradus bescrupulozus*), ili **Srpskog Biznismena** (*Camionus avionus*), ili **Domaćeg Kriminalca** (*Crimos domesticus*), pa čak i **Obogaćenog Ugostitelja** (*Drpus ohoho*). Ta imitacija je išla dotle da niko više nije mogao da razlikuje vrstu **Ra/Do Tajkuna** od neke od pomenutih vrsta ili od onoga što je nastalo kao kombinacija više njih.

Ono što je, međutim, karakteristično za ovaj period **POLUSMAKA POLUSVETA** je ta **novoprimećenost Ra/Do Tajkuna**, koju smo ovde drugačije nazvali *razmahanost*. Njegova krila su se protegla i raširila, duga sputanost je prekinuta, potreba za mimikrijom i imitacijom drugih vrsta je nestala, pa je **Ra/DoTajkun** konačno mogao da se **razmahne** i radi ono za šta je rođen – da se bavi **tajkunstvom** ili, kako to neki zovu, **tajkunerijom**. Potpuno neometano.

DOMAĆI TAJKUN
STANARICA

Inače, poreklo drugog dela imena (**Tajkun**) ne zna se sa sigurnošću, ali je sasvim izvesno da je nekad, dok je morao da bude koliko-toliko prikriven, **Domaći** (tada još **Nerazmahani**) **Tajkun** morao da koristi sve moguće veze, kako finansijske tako i rodbinske, da bi ostvario neki od svojih ekonomskih i/ili drugih nauma. Zato se **intenzivno** trudio da postane **KUM** svakom živom (a uticajnom) ko bi na to pristao, a ko bi mogao jednom da mu nešto učini ili mu u bilo čemu pomogne. I **Domaći Tajkun** njemu, naravno. Kada bi se desilo da mu zapreti neka opasnost po ličnu imovinu ili ličnu slobodu, **Domaći Tajkun** bi istog trenutka (ali uvek po nekom trećem) poslao pravu poruku na pravo mesto, obaveštavajući onoga koga treba da je njemu **taj i taj kum** (zato su ga prvo prozvali **Tajtajkum**, a potom **Tajkum**, pa se vremenom i čestim korišćenjem, to jest habanjem slova **m**, a i samog **kumstva**, počelo izgovarati **Tajkun**).

Ostaje još da se kaže da se zasad **Domaći Tajkun** pojavljuje samo u dve varijante: kao *Selica* ili **pobegač** i kao *Stanarica* ili **preuzimač**.

Napravili smo jednu neformalnu uporednu tabelu, kako bismo nešto jasnije sagledali sličnosti i razlike između njih.

DOMAĆI TAJKUN
SELICA

NEKI OD KRITERIJUMA TAJKUNERIJE

IMA LI ILI NEMA...	... DOMAĆI TAJKUN Selica (*pobegač*)	... DOMAĆI TAJKUN Stanarica (*preuzimač*)
... KOMPANIJU	ima je, ali mu se skupila	skuplja ih, iz hobija
... MNOGO PARA	da, i kupovao je svakog	da, i kupovao je sve
... MOBILNU TELEFONIJU	imao, više nema	ako poželi, imaće
... TELEVIZIJU	ima, ali kô da je nema	nema, ali kô da je ima
... POLITIČKE AMBICIJE	da, za to se zna	ne, ali nikad se ne zna
... VAŽEĆI PASOŠ	da, često putuje i krije se po svetu	da, i ne krije da bi kupio pô sveta
... FARAONSKU AMBICIJU	donekle, živeo bi u piramidi	donekle, kupio bi lanac piramida
(*centimetarski kriterijum*)	(*gromoglasan smeh*)	(*tajanstveni smešak...*)
DA LI JE NEKAD OD NEKOG IMAO NEKU POMOĆ I POSTOJI LI I DANAS TAJ „NEKO"?	**DA** ... imao je *nekoga*, tog *nekog* više nema, ali taj *neko* mu je MNOGO pomogao!	**DA** *neko* mu je veoma blizak, *neko* mu je i neka vrsta savetnika, *neko* voli da radi iz senke ... važan mu je taj *NEKO*!

Podmlađeni Medijski Mogul
(s nadimkom — Pinkidinkis Nikonedotakis)

Mora se odmah reći da ovo nije baš sasvim **novoprimećena vrsta**, odnosno da je i pre **Izbornog Udara**, praćenog **POLUSMAKOM POLUSVETA**, **itekako primećeno** da postoji izvesni **O'Slobođeni Medijski MogJul**, koji je dugo bio **O'Slobodan** da radi šta god mu se radilo. A svašta mu se radilo jer mu se moglo.

A onda je došao **Izborni Udar** i tu njegovu **O'Slobođenost** preko noći odneo kao da je nikad nije ni bilo. **Medijski MogJul** je, kao vrsta, prvi nalet te „elementarne nepogode" jedva preživeo. Međutim, vrlo brzo se pridigao i, našavši se u blizini i pod zaštitom najmoćnijih i najuticajnijih vrsta, počeo da se oporavlja, ne toliko promenjen koliko revitalizovan, dakle – **podmladen**. A pošto se u tom jednom kratkom prethodnom periodu doslovce **grčio** da bi uopšte **opstao**, zatim da bi ostao **suštinski netaknut** i na kraju postao jedna od **novoprimećenih vrsta**, naknadno je dobio i taj „grčki" nadimak – *Pinkidinkis Nikonedotakis*, što ne znači gotovo ništa, ali govori gotovo sve.

Verovatno ste primetili da je **J** iz poslednjeg dela njegovog imena (**MogJul**) posle **Izbornog Udara** netragom nestalo, tako da je on posle toga ostao samo **Mogul**.

23.

To naizgled osakaćeno ime u njegovom slučaju ima i jedno sasvim novo značenje jer predstavlja deo pitanja koje je **Podmlađeni Medijski Mogul** postavio onima od kojih mu je u tom trenutku sve, ili bar **DOS**ta toga, zavisilo.

Pitanje je glasilo: „**Mogu l'** ja sad da nastavim da radim?", a odgovor: „Ma ne da možeš, nego **moraš**! Al' prvo da pokažeš koliko si za nas!"

I – nije mu to trebalo ponoviti više od **nekoliko miliona puta**, pa je i dan-danas hiperaktivan i hiperproduktivan.

A evo kako je izgledala i ta, sad već čuvena **DNEVNA PROGRAMSKA ŠEMA**, odnosno neka vrsta **superuspešne poslovne matrice** na osnovu koje je **P/M/M** i pre i posle **Izbornog Udara** i POLUSMAKA POLUSVETA bio i ostao medijski najpoznatiji i najuticajniji, do te mere da je i neki današnji **Nadolazeći Medijski Moguli** (→) donekle koriste kao *know how*. Naravno, oni to rade u suštinski drugačijim okolnostima, tako da to nekadašnjeg **MogJula** ne može da oslobodi sopstvene ogromne i neizbrisive odgovornosti za tešku poremećenost onih osnovnih kriterijuma prilikom formiranja (ne)ukusa kod čitavih generacija mladunaca u Nacionalnom parku SRBIJA.

DNEVNA PROGRAMSKA ŠEMA

08.00 **ŠUND PARADA** (repriza od sinoć) – za one koji dolaze kući sa splavova i lagano se spremaju za spavanje

11.00 **KAPCI GORE, ŠMINKA DOLE!** – jutarnji program za sponzoruše – ustajte i skidajte sinoćnu šminku

11.30 **KOSKA, KOSKA, KOSKICA** – emisija za devojčice koje bi da se bave manekenstvom

12.00 **NEĆU U ŠKOLU!!!** – emisija za ponavljače (repriza)

12.15 **CRTANI TABLOID** – emisija za tabloidiotiranje dece

12.30 Trideset sekundi obrazovnog programa (Ne trepćite da vam ne promakne!)

12.30 **REKLAME** (Izvin'te što traju dugo, ali moramo i mi od nečega da živimo...)

13.10 **BUBREGOS BJANKOS** – uvozna serija na kilo, 1477. epizoda (Manuela je saznala da je Raul varao sa obe njene sestre, Esperancom i Hermelindom. Doduše, ne u isto vreme nego s pauzom za mokrenje i „enerdži drink". Zato ona od sinoć čuči ispred njegovih vrata i (ko)rida. A njega za to baš zabole u predelu imena serije... Huan i Hezus se nalaze u bolnici kod svog budućeg pokojnog oca, ne bi li im prepisao nasledstvo, ali ni matori Alehandro nije blesav – neće da umre; rekli mu producenti da može da se izležava do 1650. epizode...)

14.00   **REKLAME** (... Ne bismo mi, ali mora od nečega da se plati sve ovo...)

14.40   **BUBREGOS BJANKOS** – uvozna serija na kilo, 1478. epizoda (Raul je odnekud saznao da Manuela, koja i dalje (ko)rida ispred njegovih vrata, pored Esperance i Hermelinde ima i treću sestru Soledad, za koju ni one nisu znale, pa je izašao kroz prozor i požurio da se i s njom „upozna"... Huan i Hezus su pokušali da otruju oca, koji nikako da umre i ostavi im nasledstvo, ali je njihovu ujdurmu na vreme otkrila medicinska sestra Isabel, ne davši mu da popije pivo iz flaše sa grlićem zamočenim u cijankalij; matori Alehandro joj je do groba zahvalan, što u njegovom slučaju i nije neka zahvalnost, ali možda je na pomolu i romansa između umirućeg bolesnika i 48 godina mlađe sestre...)

15.30   **REKLAME** (... Vi i ne sanjate kol'ko sve ovo košta mesečno...)

15.45   Trideset sekundi obrazovnog programa (Ne trepćite, posle vam je đavo kriv!)

15.45   **REKLAME** (... struja, voda, đubre, kupovina programa...)

16.30   **NE SKIDAJ GAĆICE, GLEDAJU DOMAĆICE!** – emisija za peglanje

17.30   **NESKRIVENA NAMERA** (Došli smo na briljantnu ideju kako da isprepadamo poznatu glumicu mlađe generacije: znali smo da je izašla u grad s ocem, pa smo ih sačekali, iskočili ispred njih sa pištoljima, zatražili pare, a kada je otac skočio da je odbrani, pucali smo u njega, ali, naravno, gumenim mecima koji samo onesveste žrtvu... Kada smo joj posle 20 minuta i dolaska Hitne pomoći koja je konstatovala očevu „smrt" otkrili da je u pitanju zezanje, bilo je urnebesno smešno gledati kako ona histeriše i nasrće na ekipu. Čak je i ogrebala jednog od autora, ali je on neće tužiti, iako je prokomentarisao da ona „baš nema smisla za humor".)

18.00   **REKLAME** (... pa transferi zaposlenih sa drugih TV, pa njihove plate...)

18.30   **VAŽAN REZERVNI TERMIN** (Ako konkurencija napravi jeftinu ali gledanu emisiju, mi je odmah pokrivamo JOŠ jeftinijom ali JOŠ gledanijom.)

19.00   **DNEVNIK IZBEGLICA SA NACIONALNE TV** – dokumentarno--informativni program

20.00   **REKLAME** (... pa porezi, pa doprinosi...)

20.30   **GLUMA ZA GLUMU, ŠMIRA ZA PARE!** – gomila reklama, tu i tamo prekidana domaćom serijom

21.30   **REKLAME** (... Uostalom, šta se mi vama pravdamo, ovo je privatna TV...)

22.00   **BUBREGOS BJANKOS** – Uvozna serija na kilo, 1479. epizoda (Dok je Raul zauzet sa Manuelinom trećom sestrom, njegov polubrat Enrike „posećuje“ Manuelu, koja konačno prekida sa (ko)ridanjem i počinje sa skidanjem... E, ali STVARNO nas mrzi da ti više najavljujemo sadržaj... Sedi, pa gledaj. Nije ti ovo čitaonica... Zašto smo inače dali skoro 700€ za prvih 2000 epizoda te serije?!)

22.50   **REKLAME** (... koja ima zakonsko pravo da nameće neukus! Aj' zdravo!)

23.00   **FILM** (Ako vam kažemo koji, konkurencija će da pusti bolji! Ovako, ako oni puste neki bezvezni, ni mi ne moramo da trošimo neki svoj dobar film. ☺)

01.00   **TRI SATA REKLAMA** (Ko ih u ovo doba gleda, bolje i ne zaslužuje.)

04.00   **REPRIZA BILO ČEGA** (Tek ovo niko ne gleda, a i ako gleda – teško da je trezan.)

→**Nadolazeći Medijski Moguli** *Čak i kada im se DNEVNA PROGRAM-SKA ŠEMA na momente ne razlikuje mnogo od* **MogJulove***, mera njegovog medijskog uticaja u onom najosetljivijem prethodnom periodu bila je takva da je veliko pitanje mogu li (Moguli?) ovi* **Nadolazeći** *ikad da dosegnu one mračne dubine koje su njemu,* **MogJulu***, svojevremeno bile tako lako dostižne...*

Da samo na trenutak zastanemo s knjigom

Ukoliko i vi, poštovani čitaoče, *novoprimetite* neku vrstu koju ne možete da svrstate ni u jednu od poznatih kategorija, a ni ovde nije navedena, ne oklevajte da nam to javite. A evo i kako: idite na www.mickoljubicic.net, pa na forum, pa na temu *NPS 2: POLUSMAK POLUSVETA* i u okviru nje diskusiju: *JOŠ novoprimećenih vrsta.*

Na taj način ćete nam mnogo pomoći da što pre klasifikujemo vrste za koje se utvrdi da ZAISTA pripadaju kategoriji „novoprimećenih", kako bismo im što pre i što preciznije odredili njihovo mesto u Parku.

Ovo je važno pre svega zato što uvek postoji mogućnost da se, nalik opasnom virusu (*SIDA, SARS, ptičji grip, devojačko ludilo*), u Nacionalnom parku SRBIJA zapati neka opasna, manje poznata a veoma štetna i destruktivna vrsta (setite se, bilo je sličnih slučajeva), koja bi, pre ili kasnije, dovela čitav Park i njegove žitelje u opasnost. Pravovremeno prepoznavanje te potencijalno opasne vrste moglo bi, dakle, biti od suštinske važnosti.

Ovde bi bilo pristojno reći i da će onima koji budu primetili i poslali podatke o nekoj novoprimećenoj vrsti vrednoj klasifikacije i kategorizacije biti isplaćena odgovarajuća novčana naknada, ali – da se ne lažemo – neće! U najboljem slučaju, najuspešniji će dobiti priliku da upoznaju autora i od njega dobiju potpisan primerak knjige. Malo li je?

Toliko. A sad, da nastavimo s knjigom.

SHKRABALO VULGARIS

ENDEMSKE VRSTE

E sad je već zaista krajnje vreme da se postavi pitanje sudbine **endemskih vrsta** Nacionalnog parka SRBIJA.

Dakle, s obzirom na magnitudu **Izbornog Udara** i potom nastali **POLUSMAK POLUSVETA**, moglo se očekivati da će doći do izvesnih promena i među nama dobro poznatim **endemskim vrstama**. Ali, da će se promene odvijati onako kako ćete uskoro pročitati, videti, pa i čuti, to ne bi mogli da pretpostave ni oni najmaštovitiji.

A sad malo teorije da bismo mogli dalje...

Sve postojeće biljne i životinjske vrste podložne su promenama i to zovemo evolucijom. Te promene mogu se posmatrati na osnovu nekoliko parametara, a to su: proteklo **vreme**, svakodnevna **borba za opstanak**, **prostor** na kojem se ta borba odvija i interakcija ovo prethodno troje. Međutim, sama ta interakcija toliko je važna i odlučujuća da uticaj sva tri prethodna parametra na promene možemo da posmatramo i samo u okviru nje (dakle, interaktivno).

Znači, **vreme**, **prostor** i **borba za opstanak** – neraskidivo povezani. Ako danas spadaš među slabije, bićeš pojeden. Ako preživiš danas, ali nešto na sebi ne promeniš ili ne pobegneš negde drugde, bićeš pojeden sutra. Ako ne uspeš kvalitativno da se promeniš u jednom periodu, u datom prostoru – najverovatnije ćeš biti pojeden kao vrsta.

Obično je potrebno toliko mnogo vremena da se neka vrsta trajno promeni da to u okviru jedne generacije jednostavno ne može da se desi, pa ma koliko i sam opstanak vrste bio u pitanju.

Vrste se protiv ovoga bore zakonom velikih brojeva, brzinom razmnožavanja i migracijama. Ako si neko koga mnogo jedu, jedini način da kao vrsta opstaneš jeste da svakodnevno popunjavaš svoje brojčano stanje i to tako što ćeš ujutru biti začet, u podne donesen na svet, a uveče potpuno sluđen, jer ne znaš da li pre da tražiš partnera s kojim ćeš da začinješ potomke u toku noći za sutra ujutru (nema spavanja kad je opstanak u pitanju) ili da probaš prvo da nađeš nešto da pojedeš, ukoliko prethodno i sam ne budeš bio pojeden.

Sve je ovo dosad suvoparna teorija koja bi trebalo da funkcioniše svugde i uvek. Međutim, u Nacionalnom parku SRBIJA situacija je nešto specifičnija, naročito kad je reč o parametrima **prostor** i **vreme**.

Prostor kao parametar

Kad je reč o **prostoru** Nacionalnog parka SRBIJA, tu se javlja prva spe-
cifičnost. Naime, **ne zna se** koliki je tačno prostor Nacionalnog parka
SRBIJA, pošto granice Parka već neko vreme imaju tendenciju **skupljanja**,
na osnovu čega se prostor sve više smanjuje.

Postoji i teorija da su granice Parka odavno precizno određene, ali da
one „pulsiraju" (skupljaju se i šire) samo u glavama predstavnika pojedi-
nih vrsta, a naročito vrste **Pokvareni Političar** (*Smradus bescrupulozus*) koji,
predstavljajući Nacionalni park SRBIJA većim ili manjim nego što on jeste
(u odnosu na to kako njemu lično u tom trenutku politički odgovara),
opravdava svoje ime i funkciju u Parku.

Pošto, po svoj prilici, **prostor** Nacionalnog parka SRBIJA još neko vre-
me neće predstavljati jasno definisanu celinu, to će i dalje doprinositi
osećanju zbunjenosti i nedovoljne definisanosti ne samo pojedinih žitelja
Parka, nego i čitavih vrsta.

Vreme kao parametar

Što se tiče **vremena** u Nacionalnom parku SRBIJA, ono ne može uvek da se meri na isti način na koji se meri u drugim sredinama. Tu vreme povremeno ima relativnu vrednost, to jest nekad teče mnogo sporije nego bilo gde drugde, a nekad isto ili čak brže. Taj fenomen je poznat kao **NESTABILNA SEKUNDA** (*Metronom colaps*) i ume veoma neprijatno da deluje na one koji se prvi put susretnu s takvim doživljajem protoka vremena.

Evo sada nekoliko primera za to, kako biste mogli da vidite u kojim slučajevima vreme u Nacionalnom parku SRBIJA teče **sporije** nego u drugim Parkovima.

USPORENA NESTABILNA SEKUNDA (subjektivni utisak o *usporenijem protoku vremena* nego u drugim Nacionalnim parkovima)

– **ponovno raskopavanje istih ulica radi popravki različitih instalacija**
(ima se utisak da je odavno započeto i da će večito trajati)
– **završetak autoputa (bilo kog koji ide kroz Park)**
(ima se utisak da je odavno započeto i da će večito trajati)
– **izmeštanje Beogradske železničke stanice**
(ima se utisak da je odavno započeto i da će večito trajati)
– **povratak nacionalizovane i konfiskovane imovine vlasnicima ili njihovim naslednicima**
(ima se utisak da je odavno započeto i da će večito trajati)
– **vraćanje Stare Devizne Štednje**
(ima se utisak da je odavno započeto i da će večito trajati)
– **organizovana borba protiv piraterije**
(ima se utisak da je odavno započeto i da će večito trajati)
– **zaustavljanje korupcije**
(ima se utisak da je odavno započeto i da će večito trajati)
– **isporuka i poslednjih osumnjičenih za ratne zločine**
(ima se utisak da je odavno započeto i da će večito trajati)
– **usklađivanje zakona i propisa sa EU**
(ima se utisak da je odavno započeto i da će večito trajati)
– **dovođenje države u red i uspostavljanje sistema koji prvenstveno vodi računa o svojim građanima**
(ima se utisak da je odavno započeto i da će večito trajati)

A sada nekoliko primera iz kojih ćete videti u kojim slučajevima vreme u Nacionalnom parku SRBIJA teče **brže** nego inače, ali je interesantno to što ova pojava nije vezana samo za Nacionalni park SRBIJA.

UBRZANA NESTABILNA SEKUNDA (subjektivni utisak
o *drastično ubrzanijem protoku vremena* koji imaju i stanovnici drugih Nacionalnih parkova)

- **plaćanje komunalija i ostalih kućnih računa**
  (kao da je bilo malopre)
- **dospelost nove rate za kredit**
  (kao da je bilo malopre)
- **naplata godišnjeg poreza na ukupan prihod**
  (kao da je bilo malopre)
- **registracija automobila**
  (kao da je bilo malopre)
- **završetak vikenda i godišnjeg odmora u odnosu na početak**
  (kao da je bilo malopre)

Borba za opstanak kroz metamorfoze

Nadamo se da ste shvatili da se proces nastajanja i nestajanja, dakle **opstanka** vrsta u Nacionalnom parku SRBIJA odvija pod tim **dvostrukim pritiskom**, s jedne strane **vremena**, a s druge **prostora**, te da upravo tu treba tražiti razloge za čudnovate promene koje su se dogodile baš *tim* vrstama na *tom* prostoru i za *to* vreme. Uostalom, te promene, ta specifična vrsta **borbe za opstanak** i jeste ono što te vrste čini endemskim, to jest vezanim isključivo za to podneblje u nekom određenom periodu.

A pošto je red da konačno saznate šta je uopšte to što se desilo endemskim vrstama Nacionalnog parka SRBIJA, evo sada i sasvim konkretno – desile su im se **RETROGRADNO-CIRKULARNE METAMORFOZE**.

Retrogradno-cirkularne metamorfoze su one promene koje pogađaju jedan relativno zatvoreni sistem endemskih vrsta, koje (promene, a ne vrste) kad se završe, proizvode utisak **da se ništa nije promenilo**!

Zašto „cirkularne" i zašto „retrogradne"?

Metamorfoze su **CIRKULARNE** zato što čine gotovo **savršen krug promena**, jer se svaka vrsta u Nacionalnom parku SRBIJA menja, ali tako što preuzima **neke karakteristike druge vrste**, koja opet preuzima neke ili sve karakteristike sledeće vrste i tako dok se ne zatvori ceo krug!

Istovremeno **metamorfoze** su **RETROGRADNE** zato što retko kad posle završene metamorfoze preovlađuju one preuzete osobine na osnovu kojih nova vrsta **napreduje**, već se, naprotiv, od prethodne vrste najlakše preuzimaju one **manje kvalitetne osobine** od kojih vrsta koja je pretrpela metamorfozu gotovo po pravilu **nazaduje**... E sad, zašto je to baš tako – đavo će ga znati!

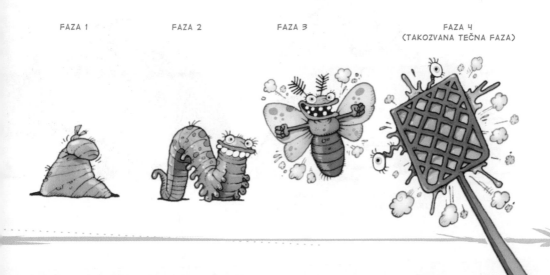

FAZA 1   FAZA 2   FAZA 3   FAZA 4
                                                (TAKOZVANA TEČNA FAZA)

AMEBA   RIBA   EKSTREMNO GLUPA   MRMOT ILI   DALEKI PREDAK

RIBA NEPLIVAČ   NEŠTO SLIČNO

KARIKA KOJA JE
POJEDENA

RETROGRADNO-CIRKULARNE METAMORFOZE ENDEMSKIH VRSTA U NACIONALNOM PARKU SRBIJA

POLITIČARI

PROSTACUS URBANUS
LAŠATEMICANTARUS

PREDAK

HOMO SAPIENS

PROSTACUS URBANUS

AMEBA

UPOZORENJE!

Nije preporučljivo pokazivati sledeće stranice previše osetljivim, kao ni nerealno optimističnim osobama, jer sadrže eksplicitne prizore pretvaranja „nečega" u „nešto", prizore koji mogu da nanesu trajna oštećenja pomenutom osećanju optimizma, ali i da ozbiljno utiču na osećanja društvene bezbrižnosti, socijalne pravde i opšteg moralnog napredovanja.

Ukoliko su se neki od osetljivih i/ili nerealno optimističnih ipak opredelili da rizikuju, preporučuje se korišćenje **zaštitnih sredstava**, kao što su: nezainteresovanost, zatvaranje očiju pred realnošću, pravdanje konstantnim umorom, zauzetošću ili hroničnim, intenzivnim bolom u predelu ispod leđa.

Gledanje **Retrogradno-cirkularnih metamorfoza** bez tih zaštitnih sredstava može u prvom trenutku da izazove šok, praćen nimalo prijatnim osećajem pojačanog internog abdominalnog pritiska i nevoljnog, ubrzanog pomeranja otpadnih materija iz unutrašnjosti osobe prema spoljnoj sredini.

Međutim, na vreme su konsultovani psiholozi, sociolozi i, naknadno, enterolozi, pa je ustanovljeno da produženo (ili ponovljeno) gledanje **Retrogradno-cirkularnih metamorfoza** može, posle onog potencijalnog prvobitnog šoka, da ima i **terapeutsko dejstvo**, naročito ako u jednom trenutku uspe da izazove karakterističnu kontrakciju mišića tela i lica, praćenu kontinuiranim pritiskom određenih, takođe otpadnih, telesnih tečnosti na urogenitalne organe.

Inače, ove dve pojave imaju i jednostavnija, narodska imena, ali smo prosto smatrali da ne treba otvoreno da kažemo „useravanje od straha" i „upišavanje od smeha", jer bi to, u ovako ozbiljnom kontekstu, možda moglo da zazvuči malo grubo i neozbiljno. A pristojni smo ljudi i smatramo da treba voditi računa o tome.

Dakle, smatrajte se blagovremeno upozorenim.

1. Metamorfoza Gradskog Seljaka

Jednog naizgled običnog (ne)radnog dana u glavnom gradu **Nacionalnog parka SRBIJA**, u ulici **Ružičastih žrtava bez broja**, u vreme popodnevnog odmora, **Gradski Seljak** (*Prostacus urbanus*) hranio je svoje kokoške u delu ulaza stambene višespratnice. Taj deo ulaza on je lično nekoliko meseci pre toga temeljno uzurpirao, beskompromisno ogradio i dao mu živinarsko-prehrambenu namenu, podrazumevajući da se niko od komšija neće buniti („a ako li se neki od ti' govnara i pobuni, mož' da mi..." itd.).

I tako, dok je svoje gladne koke pretvarao u svoje site koke, nežno, gotovo roditeljski bacajući pred njih zrnevlje kukuruza, **Gradski Seljak** je, ne toliko lepo koliko glasno, pevušio aktuelni turbo-folk hit. Na ovom mestu neophodno je reći da je dotični pripadao sve rasprostranjenijoj podvrsti **Raspevani Gradski Seljak** (*Prostacus urbanus lašatemicantarus*). Verovatno zbog toga mu se *jako* dopadalo kako trileri iz njegovog grla odjekuju hodnikom stambene višespratnice...

A onda je počelo.

U trenutku je zastao sa bacanjem kukuruza, a odmah potom i sa pevanjem. Pred sam kraj druge strofe osetio je da mu se nešto čudno dešava s telom... Naime, nije mogao da se otme utisku da su počele da mu rastu sise i da mu se na neki čudan način zaokrugljuje dupe! Istovremeno, u ulazu se, pored uobičajenog kokošjeg izmeta, osetio i nekakav novi miris, plastični, kao prilikom posete fabrici za proizvodnju plastične ambalaže...

Sasvim jasno je mogao da oseti kako mu buja dekolte, kako skromna dvojka postaje prpošna četvorka, s tendencijom da postane i razgažena petica...

Nešto slično, ali takođe dramatično, događalo mu se i sa usnama. Ubrzano su oticale i punile se nečim što ne dolazi baš *direktno* iz prirode...

Ipak, najčudnije se osećao dok mu se na butinama obrazovao sloj nečeg masnog i drhtavog, nagužvanog kao pomorandžina kora, zvučno praćen pucanjem do krajnosti napregnutih šavova na pantalonama...

Jedna za drugom, pa u pramenovima, počele su da mu otpadaju dlake s lica, nogu i ruku, s leđa, grudi i ispod pazuha, a na glavi je istovremeno počelo da mu džiklja nešto nalik novoj kosi, i do 74% šatiranijoj, skoro 86% kovrdžavijoj i preko 100% svetlucavijoj od one koja se dotad gore vijorila...

Počeli su, i nisu prestajali, da mu se izdužuju i kao kandže oblikuju šerpaplavi nokti na rukama i isti takvi, samo još iskrivljeniji, na nogama...

Malo je reći da je i sam **Raspevani Gradski Seljak** svim tim preobražajnim manifestacijama bio popriličlno iznenađen, ali su se u isto vreme, negde u njegovom ne previše komplikovanom mozgu, osim iznenađenja javila i još neka jednostavna ali pomešana osećanja – radost, priželjkivana identifikacija, početak zadovoljstva i ponos zbog novostečenog izgleda, tankog glasa i još tanjih glasovnih mogućnosti...

Kada je proces završen, brzo kao što je i počeo, on se okrenuo, pogledao u staklu ulaznih vrata kao u ogledalu i tek tad shvatio da je postao – **ONA**! Kao kad od gusenice postane leptir, tako je od **Raspevanog Gradskog Seljaka** tog trenutka postala **Gologuza Gradska Raspevana Seljanka** (*Vrisca dupetaria agrinecultura*)!

Još samo momenat vladala je tišina, a onda je kroz otekle, do pucanja naduvane usne, iz dubine pluća, ispod silikonom napunjenih sisa, neverovatnom snagom počeo da izlazi najglasniji i najstrašniji refren koji se ikad u vreme popodnevnog odmora prolomio u tom ulazu u stambenu višespratnicu, u ulici **Ružičastih žrtava bez broja**, u **Nacionalnom parku SRBIJA**, u **XXI veku**.

IZVINJENJE & OBJAŠNJENJE

Izvinjavamo se, ali nismo u mogućnosti da vam prikažemo ilustraciju metamorfoze Gradskog Raspevanog Seljaka u nešto što liči na Gologuzu Pevaljku, kao ni ono što je iz toga ispalo, a što smo nazvali Gologuza Gradska Raspevana Seljanka, jer je, bez obzira na sve naše ograde, ispalo previše eksplicitno. Samo biste se nepotrebno potresli gledajući tu novo-nastalu spodobu, pa smatramo da je, na osnovu teksta, sasvim dovoljno da zamislite kako bi ona izgledala.

A ako to baš nikako ne možete da zamislite, a volite da se prepadate, slobodno skoknite na neko od postojećih gradskih seljačkih mesta za izlazak, petkom i subotom uveče, pa ćete videti ne jednog nego više Gradskih Seljaka, Gologuzih Pevaljki, kao i mutanta – mešavinu između to dvoje – Gologuzu Gradsku Raspevanu Seljanku, a uz malo (loše) sreće prisustvovaćete i samoj metamorfozi, do koje tu redovno dolazi...

Ubrzo posle spektakularnog pretvaranja **Gradskog Seljaka** u **Gologuzu Gradsku Raspevanu Seljanku**, širom Nacionalnog parka SRBIJA počelo je da se događa nešto veoma intenzivno... Kao lančana reakcija, otpočeo je niz ubrzanih **metarmorfoza**. Sledeća kojoj se to dogodilo bila je upravo dobro nam poznata, „originalna" **Gologuza Pevaljka** (*Vrisca dupetaria*), za koju bi svako od nas prvo pomislio da se NIKAD i ni za mrvu neće i ne može promeniti, niti pretvoriti u bilo šta drugo.

Ali... Uostalom, uverite se i sami.

2. Metamorfoza Gologuze Pevaljke

Niko nije uspeo da objasni žilavost i dugovečnost **Gologuze Pevaljke** (*Vrisca dupetaria*) kao vrste, s obzirom na to da ona veći deo života provede skoro potpuno gole guze, golog stomaka, golih sisa i golih nogu. „Kako to da nikad ne ozebe na smrt?", morbidno su se pitali oni najdokoniji u visokim naučnim krugovima Nacionalnog parka SRBIJA, ne nalazeći do ovog trenutka odgovor.

Međutim, mnogo ozbiljnije i važnije pitanje ostaje – kako je došlo do toga da **Gologuza Pevaljka**, kao vrsta, u međuvremenu u toj meri preuzme ulogu vrste **Prosvetnog Radnika** (*Profus autoritetus*), odnosno njegove krhkije podvrste **Prosvetnog Jadnika** (*Profus yadibedus*) i postane ako ne jedini, a ono verovatno najvažniji uzor **mladuncima** (odnosno, prvenstveno **mladunicama**) u Nacionalnom parku SRBIJA? Moguć odgovor bi bio da je upravo to nepobitan dokaz da se dogodilo ono što smo nazvali **POLUSMAKOM POLUSVETA**, odnosno da su sve one dugo željene promene, neposredne posledice **Izbornog Udara** (tada naglašavane kao suštinske), **ostvarene samo polovično** i to ne uvek nabolje...

Upravo tome u prilog govore svojevrsna **prosvetna ambicija** (→) koju je u jednom trenutku osetila **Gologuza Pevaljka** (*Vrisca dupetaria*), kao i njena metamorfoza u **Razgologuženu Prosvetiteljku** (*Profus dupetaria*).

Sledi integralni intervju s njom, iz kojeg se čuje sve to i još ponešto... A ako se u jednom trenutku zapitate šta se dogodilo sa onom **jadnošću** kod **Prosvetnog Jadnika** (*Profus yadibedus*), odgovor je da je ta **jadnost** spontano prešla na sam Nacionalni park SRBIJA, jer, priznaćete, **jadan** je taj Nacionalni park u kojem je deci stanovnika (dakle, njihovoj budućnosti) merilo ukusa, izgleda, ponašanja, vaspitanja i obrazovanja – **Razgologužena Prosvetiteljka**.

→ **Prosvetna ambicija** – izuzetno opasna, patološka potreba **Gologuze Pevaljke** da iznosi svoj „ukus" i svoje „stavove" onima koje smatra svojom publikom, a da svojim likom i delom deluje kao uzor onima kojima neki delovi ličnosti još nisu potpuno razvijeni, što zbog godina i neiskustva, što zbog okruženja. To je i rezultiralo metamorfozom u **Razgologuženu Prosvetiteljku**.

INTERVJU s Razgologuženom Prosvetiteljkom

INTERVJUER: *Razgovaramo s bivšom* **Gologuzom Pevaljkom** *(Vrisca dupetaria) koja je metamorfozom postala* **Razgologužena Prosvetiteljka** *(Profus dupetaria). Recite nam odmah da li ste znali da ćete postati neka vrsta prosvetnog radnika, učitelja, uzora našoj deci?*

RAZGOLOGUŽENA PROSVETITELJKA: Pa, iskreno, onako baš ot srca da vam kažem, nisam ... nikad ni sumljala da sam za tako nešto u toj meri totalitarno osposobljena! Mis'im, osećala sam ja u meni jednu, ovako, potencijalnos' i jednu ambicijalnos', jedan božji dar da mogu da prenesem toliko ogromno puno mojega životnoga iskustva na tu našu malu decu, na te naše male bele anđele sa pozlaćenim krilima goluba na grani divljeg bagrema i svilenim...

INTERVJUER: *Vidim da ste pesnički raspoloženi...*

RAZGOLOGUŽENA PROSVETITELJKA: Vidi ga, iseče me ki džipom na Slaviji... Sačekaj, bre, da završim misao, nemojte tako kô stoka, bre, jaoo...

INTERVJUER: *Ja se stvarno izvinjavam...*

RAZGOLOGUŽENA PROSVETITELJKA: Pa, ne, odma si počô da me prekidaš... Budi, bre, malo parlamentan... Mis'im, nismo na televiziji da se nadvikujemo i d' uskačemo u repliku...

INTERVJUER: *Izvinjavam se, zaista...*

RAZGOLOGUŽENA PROSVETITELJKA: Pa i trebaš da se izvineš... A taman sam tela d' ubacim jedan novi izraz što sam ga čula pre neki dan, al' ti me, bre, da prostiš, baš onako – popiša!

INTERVJUER: *Izvinite još jednom, evo, recite sad...*

RAZGOLOGUŽENA PROSVETITELJKA: Ma, sad ga ja zaboravi' ... Al' možda se i setim... Aj' pitaj dalje...

INTERVJUER: *Pa, hteo sam da čujem čemu VI možete da NAUČITE decu?*

RAZGOLOGUŽENA PROSVETITELJKA: Ooopa, 'el ja to čujem neku vrstu deponije u vašem glasu? Znate šta, nemoj vi da brinete o tome čemu ja mogu da naučim malu decu. Imam ja, bre, toj maloj deci da prenesem, ako trebam, celu moju životnu fiziologiju, sva moja razmišljavanja... Ima, bre, da i' naučim da misle sa svojom glavom, a ne da i' celoga života potkrada kojekako đubre od menadžera, kô ono moje govno... Ima d' obučim tu našu malu dečicu da sutra ne estradaju na estradi, jer estradanje je ceo život i ceo život je estradanje, estrada, razumeš igru sa rečima, a i obrnuto, kako god okreneš...

INTERVJUER: *Razumem... A vi baš ... volite decu?*

RAZGOLOGUŽENA PROSVETITELJKA: JA? Ja OBOŽAVAM malu decu! Što kaže naš narod, ja osećam OGROMNU PEDOFILIJU prema maloj deci. Ja i' baš onako – ot srca volim. Ja bez nji' ne mogu da zamis'im koncerat ili bilo kak'u tezgu... Pa, aj'te, razmis'ite malo, kome ja to pevam, kome ja to davam autograme, koj to sa ljubavlju i poštovanjem kupuje moj najnoviji projekat CeDea, kome ja na koncertima naplaću'em slikanje s njihovim idolom, to jes' sa mnom...

INTERVJUER: *Dobro... I čemu biste ih još naučili?*

RAZGOLOGUŽENA PROSVETITELJKA: I', bre, sve ti voliš da znaš!... Svašta bi i' ja naučila... Pričala bi im ... da smo mi jedan mali narod sa jednim velikim mudima, nacija kak'e nema nigde... Pričala bi' im ... da se još pre dve 'iljade godina, u srednjem veku, u vreme onog kneza ... Dušana Silovanog na jugoslovenskom dvoru jelo sa viljuškama, a na engleskom dvoru sa golim rukama... Ej, bre!!!

INTERVJUER: *Recite?*

RAZGOLOGUŽENA PROSVETITELJKA: Ma, ne, nego kažem – Ej, bre! Zamis'i ti to! Jes' ti znao za to?

INTERVJUER: *Paaa, jesam...*

RAZGOLOGUŽENA PROSVETITELJKA: A ja čula sad, pre neki dan... A, paz' sad ovo – ĆIRILICA!!!

INTERVJUER: *Ćirilica?*

RAZGOLOGUŽENA PROSVETITELJKA: Znaš šta je ćirilica, bre: a, be, ce, de, e, ef, ge... Mala deca mora da nauče ćirilicu. JA ću da im čitam ćirilicu naglas, ako treba, dok je ne nauče.

INTERVJUER: Slažem se da je šteta da deca ne znaju ćirilicu...

RAZGOLOGUŽENA PROSVETITELJKA: Nije, bre, samo šteta, nego ne mogu sutra kad dođu u Beograd da se snađu, SVE su ulice ispisane sa ćirilicom! Hahaha, dobro, to je napravljeno namerno, da malo za'ebavamo strance da i oni nauče ćirilicu... A što i da ne? Ako hoće da se švrljaju po gradu, a posle da nađu 'otel, nek nauče...

INTERVJUER: Paa, to baš i nije nešto čime se možemo pohval...

RAZGOLOGUŽENA PROSVETITELJKA: Pa onda TESLA!!!

INTERVJUER: Nikola Tesla?

RAZGOLOGUŽENA PROSVETITELJKA: TAJ! Vi'š kako znaš!... Maloj deci mora se objasni ko je bio Tesla... Gomila nji' ne znaju da je on bio naš najveći električar. Da je razvlačio instalacije po celoj Americi, da tamo nisu mogli bojler d' upale bez njega!

INTERVJUER: A VI biste pričali deci o TESLI?

RAZGOLOGUŽENA PROSVETITELJKA: Što da ne? Pa nije sramota raditi sa strujom... I moj otac je bio elektromonter. Ja sam ponosna što je i Tesla postavljô i održavô te ... bandere i gromobrane! Siroma' čovek, baš se naradio! Nek mala deca s'vate da nismo baš svi talentovani za umetnos', kô, recimo, JA... Neko mora i da rmbači za pare.

INTERVJUER: Da... To će shvatiti.

RAZGOLOGUŽENA PROSVETITELJKA: 'El znaš ti da sam ja snimila i jednu pesmu u kojoj pominjem njega?

INTERVJUER: Koga?

RAZGOLOGUŽENA PROSVETITELJKA: Koga?! Teslu, bre! Kako će da ga pri'vate deca kao autoritet ako im ga ja ne nametnem kroz neki svoj hit... Da s'vate na jedan popularan način ko je bio Tesla, šta je napravio, dokle je dogurô...

INTERVJUER: Aha... Zanimljivo.

RAZGOLOGUŽENA PROSVETITELJKA: Jeste zanimljivo, ali je i strašno rodoljubivo... Jao, mene UBI ta moja rodoljubivos'... To mi je možda i najveća mana! Al' šta ću, taka sam, patrijotalna!

INTERVJUER: Shvatam i ježim se... A možemo li da čujemo deo te pesme o Tesli?

RAZGOLOGUŽENA PROSVETITELJKA: Možemo, što da ne možemo. Mada to košta kad se tako naručuje, al' ajde, ovaj put ja častim... Ahm... Ovako ... ima šes' strofa i dva refrena:

PESMA O MENI I O TESLI

RODIO SE U SRBIJI, USRED SMILJANOVCA
PORODICA SIROMAŠNA, BEZ GOTOVOG NOVCA
U SVOJ RODNI KRAJ JE POSLE SLAO BRDA LOVE
ZATO SE TO MALO SELO SADA TESLIĆ ZOVE

POSMATRÔ JE SUNCE, MESEC, ZVEZDE RAZNORAZNE
NIJE 'TEO DA OSTANE GLAVE POLUPRAZNE
ZAKLEO SE PRED OVCAMA DA ĆE ČITAT' KNJIGE
I DA SVET ĆE DA RAZREŠI ELEKTRIČNE BRIGE

SVUD BI BILE REDUKCIJEEEE
BEZ TESLINE INDUKCIJEEEEEE
DOŠLO BI DO KRUPNE ŠTETEEE
DA ISKLJUČE SVE NJEGOVE
ELEKTROMAGNETEEEEEEEEEEEEEEEEEEEEEEEEEE

I JA SAM SE KAO MALA IGRALA SA STRUJOM
DOK VRŠNJACI SMEJAŠE SE SA HASOM I MUJOM
OSETILA SAM U SEBI TALENAT ŠTO KULJA
OSETILA DA ĆE DA ME OBOŽAVA RULJA

GROM SPALIO TE ŠTO KAŽU DA JA SISAM VESLA...
ZA SVE NJIH SAM AKADEMIK, KÔ NIKOLA TESLA...
NADRLJAĆE TAJ ŠTO MI SE OKO DŽIPA ŠUNJA...
TRESNUĆE GA NIKOLINA ELEKTRIČNA MUNJA...

SVUD BI BILE REDUKCIJEEEE
BEZ TESLINE INDUKCIJEEEEEE
DOŠLO BI DO KRUPNE ŠTETEEE
DA ISKLJUČE SVE NJEGOVE
ELEKTROMAGNETEEEEEEEEEEEEEEEEEEEEEEEEEE

ZATO SVI VI RODITELJI OD MALE DEČICE
TUCITE IH KAD DIRAJU ŠTEKERE I ŽICE
I SVE DRUGO S BATERIJE, OD DILDA DO ZECA,
NE BI SMELA DA ČAČKAJU VAŠA MALA DECA

AL' ZATO IM NE BRANITE DA OSTVARE SNOVE
JA I TESLA SMO PRIMERI USPEHA I LOVE
NE BI 'TELA DA SE FALIM, JER SAM VRLO SKROMNA
(ALI...) SLIČNOST MENE I NIKOLE –
STVARNO JE OGROMNAAAAAAAAAAAAAAAAAAAAAAAAAAAAAAAA...

... Eto!

INTERVJUER: Svaka čast... (tapše) Rodoljubivo, nema šta!

RAZGOLOGUŽENA PROSVETITELJKA: Fala... Od srca fala... Pa, kažem, to je to moje rodoljublje, ja to radim misleći na malu decu... Da ne zaborave ko su i odakle su. Ja sam i obradila neke pesme od čuvenih pesnika, ali samo onih što su 100% Srbi... Ima tamo neka pesma MOŽ' DA SPAVA... To je neki pesnik Vladisav Petrović Disko. E sad, kod mene se zove suprotno: NE MOŽ' DA SPAVA, zato što je jako veoma glasna i u vrlo je jednom modernom, turskom ritmu; pa onda onaj pesnik ... onaj što se zove kô benzinska pumpa ... onaj ... ZMAJ! Jova Radovanović ZMAJ... Njega mi traže mala deca na eskurzijama i na maturama kad se totalno uroljaju...

INTERVJUER: A šta vam traže od Zmaj Jove?

RAZGOLOGUŽENA PROSVETITELJKA: Pa, znaš onu staru ... „Čika Jova deci, a mi ostali – po dva deci"... Hahahahaha!

INTERVJUER: Baš lepo ... i baš dečje...

RAZGOLOGUŽENA PROSVETITELJKA: Jeste, lepo je raditi s malom decom... Ja to baš ot srca obožavam, jer mala deca su izvor našeg najvećeg boga'stva!

INTERVJUER: To vam verujem. A da li mislite da je važno KAKO ih vaspitavamo i ČEMU ih učimo?

RAZGOLOGUŽENA PROSVETITELJKA: Važno je, straobalno mnogo je važno! Jer i ja planiram d' imam malu decu i da se jednog dana, kad završim turneju, posvetim demagogiji SVOJE male dece... EJ, PA TO JE ONA REČ ŠTO SI ME PREKINÔ, PA NISAM MOGLA SE SETIM!!!

INTERVJUER: Koja reč? Demagogija?

RAZGOLOGUŽENA PROSVETITELJKA: Demagogija!!! Oduvek sam to volela ... taj rad s malom decom... Da nisam pevač ja bi' sigurno bila vaspitač! Radila bi u nekom obdaništu, bavila bi se tom dečjom demagogijom...

INTERVJUER: (s pola glasa) *Odnosno demonskom pedagogijom ... (normalno) ... Ne sumnjam. No, vreme je da završimo ovaj intervju... Šta biste još za sam kraj poručili svoj toj našoj ... maloj deci?*

RAZGOLOGUŽENA PROSVETITELJKA: Poručila bi im po 5 ćevapa svakom! Hahaha, za'ebavam se! Ovako ... draga mala deco... Mora da naučite da je važno biti popularan i to po svaku cenu! Stalno mora da budete ili na TV ili u novinama! Tu i tamo mora i golo dupe da se slika, ali tako d' iz njega isijava umetnos'! E, posle toga može da putujete po celom svetu, da proširite vidike, da radite posô s nekim svetskim menadžerima, a ne samo s ovim našim lopovima... Nije svet samo da dođeš u Beograd i postaneš Zvezda Šunda. Svet je mnogo više od toga! Svet je kad odeš u kafanu kod gazda Miće u Leverkuzen, kad svečano otvoriš Gibanicijadu u Milvoki, kad pevaš na svadbi od osamsto ljudi u Geteborgu ili kad gostuješ kod naših u Belgiji, pa ih raspališ po nostalgiji itd., itd. Eto, to mis'im da bi trebala sva mala deca da nauče da bi mogla da se snađu u životu, a i šire.

INTERVJUER: *Još jednom puno vam hvala što ste odvojili vremena za ovako važan razgovor!*

RAZGOLOGUŽENA PROSVETITELJKA: Ma nema na šta, bre. Ja za tako nešto uvek odvajam vreme. Mene je zadovoljstvo da pomognem našim ljudima, a naročito maloj deci...

INTERVJUER: (isključuje snimanje) *Isključio sam... Odlično je bilo!*

RAZGOLOGUŽENA PROSVETITELJKA: Gasi, bre više! Al' si ga razvukô ki pijan pi(*piiiiip*)u. A znaš da žurim! Daj 'vamo tih 50 evra. Mora se čekiram; će mi pobegne avion za Frankfurt! Aj' zdravo!

3. Metamorfoza Prosvetnog Jadnika
(i metastaza Podmitljivog Lekara)

Malo je reći da je **Prosvetni Jadnik** (*Profus yadibedus*), kao podvrsta **Prosvetnog Radnika** (*Profus autoritetus*), dobio ŽESTOKU konkurenciju u autoritativnoj, energičnoj, demagoško-pedagoški raspoloženoj **Razgologuženoj Prosvetiteljki** (*Profus dupetaria*).

Prava istina je da on pored nje **nije imao apsolutno nikakve šanse da opstane**, bar ne dok se bavio učenjem i vaspitavanjem dece na onaj način na koji je to oduvek radio, što će reći – jadno. Zato neke iste takve, nepromenjene **Prosvetne Jadnike** i danas možete sresti širom Nacionalnog parka SRBIJA dok životare baveći se tim **nazoviprosvetnim** poslom, pritisnuti visokim stepenom *jadnosti*, dok su oni najbeskrupulozniji među njima – veoma rano shvativši da gube bitku sa **Razgologuženom Prosvetiteljkom** (a nesposobni da joj konkurišu, jer niti imaju njen autoritet, niti se snalaze s pevanjem, niti znaju da vrte guzicom) – čvrsto rešili **da se OSVETE čitavom Nacionalnom parku SRBIJA** i to na najgori mogući način.

*Odlučili su da će im jedini cilj biti **TOTALNO ZAPUŠTANJE DECE** čiji roditelji neće da se isprse, a koja su im poverena na čuvanje, obrazovanje i vaspitanje!*

Trenutak donošenja te odluke je crnim slovima zabeležen u istoriji Nacionalnog parka SRBIJA kao metamorfoza **Prosvetnog Jadnika** u **Prosvetnog Osvetnika** (*Vendeta prekodeteta*, ponegde i *Vendeta preko-tuđegdeteta*).

Slede **posledice** toga, koje smo uokvirili da bismo im dodatno istakli važnost.

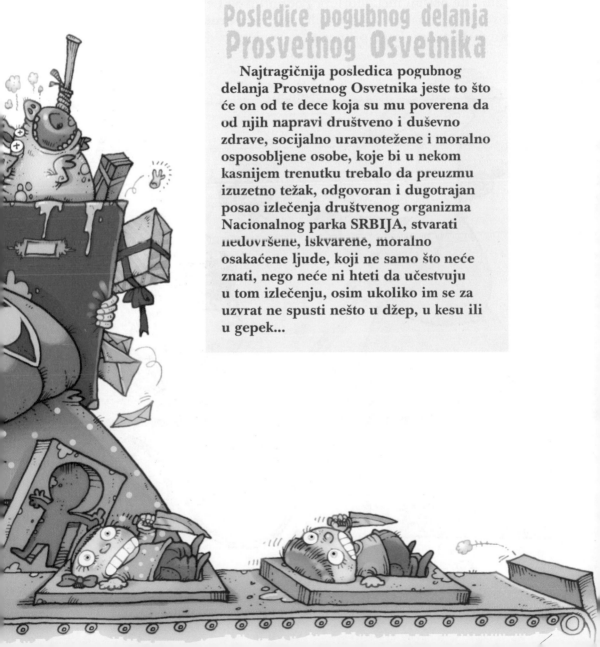

Posledice pogubnog delanja Prosvetnog Osvetnika

Najtragičnija posledica pogubnog delanja Prosvetnog Osvetnika jeste to što će on od te dece koja su mu poverena da od njih napravi društveno i duševno zdrave, socijalno uravnotežene i moralno osposobljene osobe, koje bi u nekom kasnijem trenutku trebalo da preuzmu izuzetno težak, odgovoran i dugotrajan posao izlečenja društvenog organizma Nacionalnog parka SRBIJA, stvarati nedovršene, iskvarene, moralno osakaćene ljude, koji ne samo što neće znati, nego neće ni hteti da učestvuju u tom izlečenju, osim ukoliko im se za uzvrat ne spusti nešto u džep, u kesu ili u gepek...

A kad smo već došli do takvog **Prosvetnog Osvetnika** i njegovog svesnog izbegavanja da se na pravi način pozabavi onima od kojih će sutra zavisiti **izlečenje čitavog društva**, sad je i vreme i mesto da se dotaknemo i onog koji na to **IZLEČENJE DRUŠTVA** takođe ne daje ni po boksa duvana – na **Podmitljivog Lekara** (*Primarius mitus*).

Verovatno primećujete da ima mnogo **sličnosti** između **Podmitljivog Lekara** i **Prosvetnog Osvetnika**, ali tu je i jedna bitna razlika: naime, **Podmitljivi Lekar** se ne može **postati**. On takav mora da se **rodi**. Isto kao što se i **Nepodmitljivi Lekar** rađa, a ne postaje.

Zato i **ne postoji** metamorfoza **Podmitljivog Lekara**, jer on uvek ostaje to što jeste – jedna od najopasnijih vrsta **raka društva**, koji se teško leči, a lako **metastazira**. Rečit primer za to je njegova dvostruka zakletva:

HIPOKRATOVA ZAKLETVA (ono što **Podmitljivi Lekar** *izgovara*)	HIPOKRITOVA ZAKLETVA (ono što **Podmitljivi Lekar** *misli*)
1. U času kada stupam među članove lekarske profesije, svečano obećavam da ću svoj život staviti u službu humanosti.	1. U času kada me baš nešto zabole za moju drndavu profesiju, obećavam da ću biti human prema sebi i sve stavljati u službu svog lagodnog života.
2. Prema svojim učiteljima sačuvaću dužnu zahvalnost i poštovanje.	2. Čim ova gerijatrija sa klinike pomre ili ode u penziju, ja postajem gazda!
3. Svoj poziv ću obavljati savesno i dostojanstveno.	3. Naplaćivaću, vala, i svoj *telefonski* poziv!
4. Najveća briga će mi biti zdravlje mog bolesnika.	4. Najveća briga će mi biti zdravlje onih koji mi još nisu platili.
5. Poštovaću tajne onoga ko mi se poveri.	5. Što se tiče profesionalne tajne, postoji tarifa i za to.
6. Održavaću svim svojim silama čast i plemenite tradicije lekarskog zvanja.	6. Održavaću svim svojim silama sve svoje veze, oplemenjene tradicionalnim čašćavanjem.
7. Moje kolege će biti braća.	7. Moje kolege će postati oni koji jedni druge zovu „brate" ili „tebra".
8. U vršenju dužnosti prema bolesniku neće na mene uticati nikakvi obziri, vera, nacionalnost, rasa, politička ili klasna pripadnost.	8. U vršenju moje dužnosti neće na mene uticati nikakvi obziri, vera, nacionalnost, rasa, politička ili klasna pripadnost, već ISKLJUČIVO količina para.
9. Apsolutno ću poštovati ljudski život od samog početka.	9. Od početka treba da bude jasno da ljudi moraju da me APSOLUTNO ispoštuju da bih im sačuvao život.
10. Ni pod pretnjom neću popustiti da se iskoriste moja medicinska znanja, suprotna zakonima humanosti.	10. Nema ŠANSE da radim za džabe, osim pod pretnjom oružjem.
11. Ovo obećavam svečano, slobodno, pozivajući se na svoju čast.	11. Sve ovo obećavam namigujući i pozivajući se na ono: *Može odma' da se recne, al' prvo da zvecne!*

OVAJ MOJ NIŠTA. GARANT UMETNIK!

4. Znamo, ne vidi se najbolje, ali ovo bi trebalo da bude metamorfoza Crnogorskog Vanzemaljca u Crnogorastog Srbijanca

Da li ste i vi primetili da je **Crnogorskih Vanzemaljaca** (*Montenegrus diaspora*) sve manje? Neki smatraju da oni više i ne postoje, jer su u međuvremenu sistematski **asimilovani**.

Drugi tvrde da je upravo to **asimilovanje** (→) uzrok njegove diskretne ali dosledne **metamorfoze**. Do tog zaključka se došlo tako što su, paralelno sa nestajanjem **Crnogorskog Vanzemaljca**, počeli da se pojavljuju predstavnici jedne dotad nepoznate vrste. Vrsta se zove **Crnogorasti Srbijanac** (nije klasifi-kovana, pa nema šarlatinski naziv ni dokumente, jer još razmišlja o tome da li da nestane na ovu ili na onu stranu).

Ne zna se da li to ima neke veze sa dugogodišnjim udaljavanjem **Crno-gorskog Crnogorca** (*Montenegrus montenegro*) i njegovog **Oplemenjenog parka CRNA GORA** od susednog **Nacionalnog parka SRBIJA**, za koji je predugo bio vezan kao pupčanom vrpcom, pa je to počelo da mu smeta. To udaljava-nje je u jednom trenutku kulminiralo prekidom te pupčane veze i prekinulo skoro sve što je vezivalo **Crnogorskog Crnogorca** za Nacionalni park SRBIJA.

E sad, ako je to uopšte povezano sa nestajanjem **Crnogorskog Vanze-maljca**, verovatno se sve to odrazilo na njegovu **izgubljenost**, a po svoj prilici i na **strah** zbog udaljavanja *matice od njega*, pa nije imao izbora

nego da počne da liči na stanovnika Nacionalnog parka SRBIJA, postajući tako – **Crnogorasti Srbijanac.**

Međutim, ni to mu nije bilo dovoljno.

Poznato je da neke od (pri)morskih vrsta imaju jedan mehanizam poznat kao **puštanje mastila**, koji koriste **iz straha da će izgubiti život**, pa tako, kad ga ispuste (mastilo, a ne život), u mrklom mraku lako mogu da pobegnu neprijatelju.

Crnogorasti Srbijanac izgleda takođe koristi **puštanje mastila**, ali ne iz straha da će izgubiti život, nego iz **straha da će izgubiti stečene pozicije**. Posledica je to što on u tom apsolutnom mraku, crnilu momentalno sprečava neprijatelja (ali i eventualnog prijatelja) da vidi šta se s njim i oko njega uopšte dešava.

Drugim rečima, on i sve oko njega postaju praktično nevidljivi čak i za njega samog, odnosno za sopstveno „drugo oko u glavi". A evo kako to izgleda...

→Asimilovanje – ovo, suprotno očekivanjima, nema veze ni sa **si**lovanjem ni sa **milovanjem**, već označava postepeni proces **stapanja** jednog dela vrste (koji ne živi u matici) sa drugom vrstom, sa kojom dovoljno dugo živi u zajednici. To stapanje se vidi pre svega u ponašanju i običajima. Manje u jeziku, bar u ovom slučaju.

5. Metamorfoza Divljeg Šalterskog Službenika

Sećate li se vrste **Pitomi Šalterski Službenik**? Ni mi, ali stariji stanovnici Parka se zaklinju da je nekad davno zaista postojao, pa izumro!

Ali zato sigurno znate ko je **Divlji Šalterski Službenik** (*Nervozus shicanorum pauza*). Naravno, tu vrstu nema ko ne zna! E, pa taj još uvek postoji u Nacionalnom parku SRBIJA, a kako sada izgleda, postojaće večito!

Ohrabren, valjda, time što se bez njega kao vrste **ne može** čak ni posle **Izbornog Udara** i **POLUSMAKA POLUSVETA**, Divlji Šalterski Službenik je od tada još više pustio na volju svim svojim najgorim osobinama. I, naravno, pored toga što se to dodatno odrazilo na njegov **koeficijent divljine**, on je u jednom trenutku počeo da se ponaša kao jedna sasvim druga vrsta – **Mrki Ulični Pandur** (*Mupus murius*): može da legitimiše i da bezrazložno maltretira u suštini bezopasne **Zapostavljene Građane** (*Trinaestus prasus*), ali ga zato nigde nema pred nasilnim **Domaćim Kriminalcem** (*Crimos domesticus*). I mada **D/Š/S** ne može nikog da hapsi i da zadržava u pritvoru, kao što **MUP** može, dovoljno je to što može da vas zadrži ispred šaltera **neograničeno dugo**, ne objašnjavajući ništa, a gde ćete veće **robije** od toga!

Nije, dakle, neobično da se na nekim pozicijama u Nacionalnom parku SRBIJA javi takav jedan pojačan osećaj **pandurske svemoći** ili **nemoći** (u odnosu na **Građanina** ili na **Kriminalca**). Kada se tome još doda „osećaj totalne nepogrešivosti i apsolutne nezamenljivosti", onda se sve to zajedno zove – **panduravi šalter-ego** (→).

→**Panduravi šalter-ego** je stečena osobina, veoma česta kod **D/Š/S**-a, a oslikava njegove (ili njene) stvarne ambicije – da nastavi da proizvodi situacije u kojima na razne načine, sasvim nekažnjeno, šikanira i maltretira, tj. „panduriše" neke od vrsta (**Građanin**, **Penzioner**), a sve to s neskrivenim zadovoljstvom.

Zamislite onda kako bi izgledalo kad bi neko takav sutra zaista postao **Mrki Ulični Pandur**, što će reći – kad bi još uz takvo sadističko ponašanje pripasao i neki pendrek i neki pištolj... Sačuvaj bože!

Ipak, na kraju ostaje i jedno suštinsko pitanje: kako se tačno zove **TO** u šta se **Divlji Šalterski Službenik** polako ali sigurno pretvara? Ako to nije **Mrki Ulični Pandur**, a izgleda da nije, šta onda jeste?!

Nažalost, mi i dalje nemamo odgovor na to pitanje, ali evo vam intervjua s jednim primerkom dotične vrste koji je u procesu metamorfoze, pa probajte da zaključite sami...

INTERVJU s Divljom Šalterskom Službenicom

INTERVJUER: *Upravo se nalazimo iza jednog od šaltera u Nacionalnom parku SRBIJA, staništu vrste* **Divlji Šalterski Službenik** *(Nervozus shicanorum pauza). Došli smo da vidimo da li je i tu došlo do neke metamorfoze i, ako jeste, u šta se to ova vrsta pretvara... Upravo prilazimo jednom od predstavnika, pardon, jednoj od predstavnica vrste, koja – po svemu sudeći – jede! Dobar dan!*

DIVLJA ŠALTERSKA SLUŽBENICA: (žvaće, nešto promrmlja kroz zalogaj)

INTERVJUER: *Ahm... Dobar dan!*

DIVLJA ŠALTERSKA SLUŽBENICA: (razumljivije, ali opet kroz zalogaj) Zdravo.

INTERVJUER: *Prijatno!*

DIVLJA ŠALTERSKA SLUŽBENICA: Aj' prijatno! (nastavlja da žvaće)

INTERVJUER: (smešak) *Nisam mislio u smislu „do viđenja, prijatno", nego u smislu ... jedete, pa da vam kažem prijatno...*

DIVLJA ŠALTERSKA SLUŽBENICA: (žvaćući) Mhm...

INTERVJUER: *Hoćete li da dođemo malo kasnije, kad završite sa obrokom?*

DIVLJA ŠALTERSKA SLUŽBENICA: (novi zagrižaj) Ne. Kad završim ... idem na pauzu...

INTERVJUER: *Na pauzu? Pa, ja sam mislio da je sad pauza i da zato jedete!*

DIVLJA ŠALTERSKA SLUŽBENICA: E pa loše si mislio! (žvaće li žvaće) Jedem zato što sam gladna, a ne zato što je pauza.

INTERVJUER: *Aha...*

DIVLJA ŠALTERSKA SLUŽBENICA: A ti? Što ti ne jedeš?

INTERVJUER: *Ja? Pa ... nisam gladan...*

DIVLJA ŠALTERSKA SLUŽBENICA: Vidiš? A da si gladan – jeo bi. Je l' tako?

INTERVJUER: *Pa da, ali ne baš tokom...*

DIVLJA ŠALTERSKA SLUŽBENICA: Ne baš tokom pauze! Normalno! Pauza služi da se završavaju poslovi van zgrade, a razno vreme služi ... za razne stvari. Zato ga tako i zovemo.

INTERVJUER: *RAZNO vreme? Ja sam mislio da je to RADNO vreme...*

DIVLJA ŠALTERSKA SLUŽBENICA: (pomalo već završava s jelom) Mnogo ti nešto misliš, a sve pogrešno!

INTERVJUER: *Znači ovaj red, ovi ljudi što stoje već ... neko vreme, oni ZNAJU da nije pauza?*

DIVLJA ŠALTERSKA SLUŽBENICA: (otpije gutljaj jogurta) Ahh ... normalno da znaju.

INTERVJUER: *I ... ne smeta im?*

DIVLJA ŠALTERSKA SLUŽBENICA: Ma jok, bre, navikli su ... (cokće) Imaš čačkalicu?

INTERVJUER: *Nemam. Ali, kako ovako mirno stoje, ništa se ne bune?!*

DIVLJA ŠALTERSKA SLUŽBENICA: (već pomalo nervozno) Je li, jesi ti video papir koji sam zalepila na šalter?

INTERVJUER: *Ne. Koji papir?*

DIVLJA ŠALTERSKA SLUŽBENICA: Onaj na kome piše PAO SISTEM!

INTERVJUER: *Pao sistem?*

DIVLJA ŠALTERSKA SLUŽBENICA: Aha.

INTERVJUER: *A je l' stvarno pao sistem?*

DIVLJA ŠALTERSKA SLUŽBENICA: Jeste.

INTERVJUER: *I ne rade kompjuteri?*

DIVLJA ŠALTERSKA SLUŽBENICA: Rade.

INTERVJUER: *Pa kako onda?*

DIVLJA ŠALTERSKA SLUŽBENICA: Pa, MOJ FIZIOLOŠKI sistem je pao. Od gladi. Razumeš?

INTERVJUER: *Ne razumem...*

DIVLJA ŠALTERSKA SLUŽBENICA: Vidi, dečko, kad je meni prazan želudac, ne samo što mi padne sistem, nego mi padne i mrak na oči! VERUJ mi da je ovim patuljcima što stoje i drhte bolje da sačekaju da podignem svoj sistem sa 350 grama bureka i dva jogurta, nego da ih sve razjurim što nemaju FT-1P...

INTERVJUER: *Aha... Nešto iz vašeg posla! A šta je FT-1P?*

DIVLJA ŠALTERSKA SLUŽBENICA: Fali Ti 1 Papir!

INTERVJUER: *A koji papir je u pitanju?*

DIVLJA ŠALTERSKA SLUŽBENICA: Koji 'oćeš! Potpuno je svejedno... Ali neki papir MORA da fali! Još se nije desilo da neko dođe prvi put kod Mice Ubice na šalter i da ima sve papire.

INTERVJUER: *Kod Mice Ubice?*

DIVLJA ŠALTERSKA SLUŽBENICA: (ponosno) Tako me zovu... I da znaš, ako počneš da mi šetaš po živcima – ima da opravdam nadimak!

INTERVJUER: *Uh, dobro... Gospa Mico, neću ja dugo, samo da vam postavim još nekoliko pitanja, ako nije problem...*

DIVLJA ŠALTERSKA SLUŽBENICA: Požuri, jer sad će pauza, moram da idem da ne radim!

INTERVJUER: *Ovako... Ja ovde vidim još 5 šaltera, nijedan ne radi, a ovde, ispred vašeg, OGROMAN je red...*

DIVLJA ŠALTERSKA SLUŽBENICA: Da, pa?

INTERVJUER: *Paa, pitam se, je l' radi neko na tim drugim šalterima.*

DIVLJA ŠALTERSKA SLUŽBENICA: Rade Caca, Ceca, Jaca, Daca i Veca, al' trenutno nisu tu, završavaju neka posla.

INTERVJUER: *Završavaju NEKA posla?!*

DIVLJA ŠALTERSKA SLUŽBENICA: Neka svoja posla, normalno! Ne, nego će da drežde ovde po ceo dan, da ovim patuljcima završavaju njihove poslove!

INTERVJUER: *Ali, to su stranke zbog kojih vi...*

DIVLJA ŠALTERSKA SLUŽBENICA: Zbog kojih ja 'oću da poludim! Stoje mi tu po ceo dan, premeštaju se s noge na nogu, bulje

mi kroz staklo, kašlju, kijaju, **dišu**...
I samo nešto čekaju... Znam ja, čekaju
oni da im ja rešim njihove probleme,
da gospoda završe svoje obaveze... A
kad ću ja da završim moje obaveze? A?

*INTERVJUER: Pa, znam, ali vi
primate platu...*

**DIVLJA ŠALTERSKA
SLUŽBENICA:** (ljuta je) Koju, bre,
platu? Pa šta sad, treba da crknem zato
što primam platu? I ovaj deda ovde
prima penziju, a ništa ne radi... Samo
čeka da mu je dam... Stoji ovde u redu
od jutros... A ti, Mico, kuckaj u kom-
pjuter, lupaj pečate, broj pare, i to još
tuđe, i šta ti ja znam još...

*INTERVJUER: Nemojte se nervirati, to
je vaš posao, a oni ljudi, šta će ... čekaju!*

**DIVLJA ŠALTERSKA
SLUŽBENICA:** Pa ŠTA ako mi je
posao? Nek čekaju! I tek će da čekaju!
(zvoni telefon) Vidiš da mi non-stop
zvone telefoni! (javi se) Da?... (mekše)
Ćao, Caco... Evo radim... Ma ništa,
neka sekiracija od ranog jutra... Pa
normalno, zabole me... A?... Nema
nikog, možda petnaestak-dva'es'... Nije,
Ceca je javila da će da kasni... Ne, Veca
je otišla kod pedikira, urastô joj
nokat... Daca je bila došla oko 11, pa je
dobila u 11.15, pa je otišla u 11.20...
Da, bila je 20 minuta bruto... Hahaha...
Pametna žena, a ne kô ja, raspadam se
ovde... Jaca? Jaca je tu negde. Znaš ti

Jacu, ne drži je mesto... Nisam, sad ću
da idem na pauzu... Šta ti radiš?...
Je l'?... Gde?... Ipak si ih našla?... Jao,
ribo, pa ti si opasna... Pošto su?...
Nemoj da zezaš! Pa nisu skupe
uopšte!... E, Caco, kupi i meni jedne,
ljubim te... Dajem ti pare... 'Oćeš?...
Srce si... Važi... Ma, nemoj da žuriš,
samo mi nađi... Da... Ajde... Ćaoo!

*INTERVJUER: Možemo li da
nastavimo ovaj mali intervju?*

**DIVLJA ŠALTERSKA
SLUŽBENICA:** Slušaj, dečko, nemam
ja baš puno vremena da s tobom
razglabam ovde, znaš...

*INTERVJUER: Shvatam, uskoro će
pauza...*

**DIVLJA ŠALTERSKA
SLUŽBENICA:** Pa normalno, i ja
imam dušu... Nego, moram kafu pod
hitno da popijem. Posle jela mi tako
pandrkne pritisak da to nije normal-
no... 'Oćeš i ti kafu?

INTERVJUER: Ne pijem kafu...

**DIVLJA ŠALTERSKA
SLUŽBENICA:** Sad ćemo da naru-
čimo... (okreće telefon) Alo? Stojo, daj
dve kafe u šalter salu... (ispitivaču)
Kakvu piješ?

INTERVJUER: Ne pijem kafu...

**DIVLJA ŠALTERSKA
SLUŽBENICA:** (na telefon) Dve slađe,
Stojo!... Ej, čekaj, je l' imaš još onog
ratluka?... Aj' donesi, znaš da mi padne

šećer dok naprežem mozak... E, i običnu vodu, Stojo! (spusti slušalicu) Stoja našla neki divan ratluk...

INTERVJUER: *Ne sumnjam...*

DIVLJA ŠALTERSKA SLUŽBENICA: Eto... Popijemo kafu, završimo taj ... intervju, pa ti ideš svojim putem, a ja idem na pauzu, je l' jasno?

INTERVJUER: *Aa, izvinite, imam utisak da onom gospodinu u sredini reda nije dobro ... kao da se guši...*

DIVLJA ŠALTERSKA SLUŽBENICA: Gde ti ovde vidiš gospodina? Misliš na onog tamo rošavog? Pa ja mislim da njemu odavno nije dobro... Triput ga vraćam od jutros; ne može da zapamti gde treba da ode i šta treba da mi donese da mu overim rešenje... Alo, ti tamo, rošavi... Ti, što se gušiš... Dođi 'vamo! Ajde, ajde, možeš preko reda, kad te ja zovem!

STRANKA: (skrušeno) Nije mi dobro... Šetam od jutros tamo-ovamo...

DIVLJA ŠALTERSKA SLUŽBENICA: Uh, što mi te žao! Ti bar šetaš, na vazduhu si, a ja sedim ovde od jutros, pa ne kukam, nego, evo, kad te primam ... pred samu pauzu... Daj da vidim šta si sad doneo... (šuška papirima)

STRANKA: Doneo sam sve što ste tražili... Ja mislim da sad imam sve...

DIVLJA ŠALTERSKA SLUŽBENICA: (i dalje šuška) Pričekaj malo, nemoj dvaput da kažeš! Da vidimo ... lična karta ... pasoš ... uverenje o državljanstvu ... vozačka dozvola ... saobraćajna dozvola, to mi ne treba, drži ... polisa osiguranja ... zdravstvena knjižica ... radna knjižica ... vojna knjižica ... đačka knjižica ... štedna knjižica ... servisna knjižica ... dobro ... diploma o završenoj nižoj muzičkoj školi, dobro ... izvod iz matične knjige rođenih ... izvod iz matične knjige venčanih ... ugovor za grobnu parcelu ... izvod iz zemljišnih knjiga ... detaljan spisak pokretne i nepokretne imovine ... dobro, to je lepo ... dokaz o uplati TV pretplate ... potvrda o plaćenom porezu ... potvrda o poslednjem očevom plaćenom porezu ... očeva lična karta ... majčina lična karta ... dobro ... očev i majčin venčani list ... dve slike sa očevog i majčinog venčanja, jedna s kumovima, jedna bez kumova ... hmm ... nešto mi baš i ne ličiš na roditelje ...

STRANKA: Ne, nego ta slika ... malo je mutna...

DIVLJA ŠALTERSKA SLUŽBENICA: More, TI si meni nešto mutan... Slušaj, moraćeš da mi doneseš još i očevu partijsku knjižicu, ako je bio u Partiji, ili u sudu overeno uverenje ako nije bio... I nemoj da mi kažeš da otac priznaje samo sud svoje partije...

Onda potvrdu o majčinoj krvnoj grupi i rezultat DNK analize...

STRANKA: (pomalo već iznervirano) Izvinite, molim vas, ali ZAŠTO mi sad još i to tražite?

DIVLJA ŠALTERSKA SLUŽBENICA: Aaa ... iz dva razloga... Prvi je zato što mi se može, a drugi – jer 'oću da potvrdim tvoj identitet... Ne mogu ja da gatam u pasulj da l' si to ti ili nisi ti...

STRANKA: (sve nestrpljivije) Ali, čekajte, doneo sam vam ovu hrpu svih mogućih dokumenata, čak ne znam ni zašto... Zaboravio sam i zašto sam uopšte došao na ovaj šalter! Ja nemam više šta da vam donesem! SVE sam vam već doneo!

DIVLJA ŠALTERSKA SLUŽBENICA: To ti misliš! Ima još nešto... Donećeš mi snimak svih zuba, pa ću preko zuba da te identifikujem...

STRANKA: (iskreno zbunjeno) Ka- kakvih sad crnih zuba?!

DIVLJA ŠALTERSKA SLUŽBENICA: E, sad, crnih, belih ili požutelih, u to ne ulazim, ne interesuje me... 'Oću digitalni snimak i gornje i donje vilice!

STRANKA: (jedva se uzdržava) Digitalni... DOBRO! I, je l' to onda sve?

DIVLJA ŠALTERSKA SLUŽBENICA: (primetila, pa udarila

utuk na utuk) E, pa NIJE!!! Trebaće mi i snimak zuba tvojih roditelja!

STRANKA: (glasnije) E PA NEĆE MOĆI! Roditelji mi nisu više živi!

DIVLJA ŠALTERSKA SLUŽBENICA: (cinično) E pa moje saučešće! Onda 'oću da mi doneseš NJIHOVE PROTEZE na uvid!

STRANKA: (totalno pukao, dere se) More, DA SE NOSIŠ U BOŽJU MA- TER I TI, I TVOJ ŠALTER, I PAPIRI, I POTVRDE, I UVERENJA! JESI ČULA?!

DIVLJA ŠALTERSKA SLUŽBENICA: NE, NEGO TI DA SE NOSIŠ, BRE! ZNAŠ KAD ĆEŠ DA DOBIJEŠ NEŠTO OD MENE ILI OD MOJIH KOLEGINICA OVDE? NIKAD!!!

STRANKA: I NE TREBA MI NIŠTA OD TEBE, OLOŠU JEDAN ŠALTERSKI! PACOVE!

DIVLJA ŠALTERSKA SLUŽBENICA: KUŠ, ĐUBRE JEDNO BEZOBRAZNO! DOŠÔ SI OVDE DA MI SOLIŠ PAMET, A NE UMEŠ DVA PAPIRA DA DONESEŠ KÔ ČOVEK!

STRANKA: KOJA, BRE, DVA PAPIRA, KOZO SMRDLJIVA?! TRA- ŽIŠ MI PROTEZE OD RODITELJA I MOJU ĐAČKU KNJIŽICU!!! TI, BRE, NISI NORMALNA ŽENA!

DIVLJA ŠALTERSKA SLUŽBENICA: PA NORMALNO DA

TI TRAŽIM ĐAČKU KNJIŽICU KAD SI NEPISMENA SELJAČINA. SIGURNO NISI NI IŠÔ U ŠKOLU!

STRANKA: TI SI, BRE, JEDNA DEBELA, FRUSTRIRANA BABETINA KOJU NIKO NE PODNOSI, PA SE IŽIVLJAVAŠ NA STRANKAMA!

DIVLJA ŠALTERSKA SLUŽBENICA: MORE VUCI SE NAPOLJE, DŽUKELO! ČUJEŠ ŠTA TI KAŽEM? NEMOJ DA ZOVEM OBEZBEĐENJE!

STRANKA: IDEM SAM, NE MOGU VIŠE DA TE GLEDAM, GOVEDO JEDNO!

DIVLJA ŠALTERSKA SLUŽBENICA: MARŠ NAPOLJE, DABOGDA CRKÔ!!! PATULJKU JEDAN!!!

INTERVJUER: *Izvinjavam se...*

DIVLJA ŠALTERSKA SLUŽBENICA: (jedva nešto malo tiše) PROTUVA JEDNA!... Zamalo da me iznervira, i to dok radim...

INTERVJUER: *Ja se izvinjavam, možemo li samo da...*

DIVLJA ŠALTERSKA SLUŽBENICA: NE MOŽE VIŠE NIŠTA! I TI, MARŠ ODATLE! I GASI TO, OVDE NEMA SNIMANJA! JESI ČUO? ODMA'!!!

INTERVJUER: *Ali, intervju...*

DIVLJA ŠALTERSKA SLUŽBENICA: MA KAKAV, BRE, INTERVJU! SVI NAPOLJE!!! CEO RED! NEĆU NIKOG DA VIDIM! JE l' JASNO? BEZOBRAZNICI! SVI STE VI ISTI! ŠTO JE ČOVEK S VAMA BOLJI VI STE SVE GORI!

INTERVJUER: *Nemojte tako, gospa Mico, molim vas...*

DIVLJA ŠALTERSKA SLUŽBENICA: P A U Z A !!!

6. Metamorfoza Mrkog Uličnog Pandura

Treba naglasiti da nisu baš svi **Mrki Ulični Panduri** (u množini – *Mupusi muriusi*) pretrpeli metamorfozu o kojoj će ovde biti reči. Sklonost ka toj vrsti mutacije pokazuju isključivo oni među njima kojima je u jednom trenutku došlo do drastičnog pada **Krimuniteta** (→).

Nemogućnost jednog značajnog broja **MUP-ova** da se odupru učestalim napadima raznoraznih mutiranih virusa **Kriminala** dovodi do drastičnih promena koje udaraju na same osnove **MUP-ovog** bića, na njegovu bazičnu funkciju u Nacionalnom parku SRBIJA – da zaštiti nezaražene stanovnike Parka od onih koji su već zaraženi, sprečavajući na taj način dalje širenje te opake bolesti.

Kao posledica pada **Krimuniteta** sve češće se dešava da se jedan do juče notorni **Mrki Ulični Pandur**, dakle primerak sa svim osobinama te vrste, preko noći pretvori u nekakvu mutiranu verziju **Domaćeg Kriminalca** (*Crimos domesticus*), izvitoperenu na takav način da spolja i dalje deluje kao **MUP**, dok je istovremeno iznutra teško oboleo od **Kriminala**.

Rezultat te metamorfoze je **Kriminalizovani Pendrektualac** (*Crimos pendrectualis*). Pošto sama promena nije previše upadljiva,

> **→Krimunitet** – skraćenica za **kriminalni imunitet**. To je važan odbrambeni mehanizam koji čuva organizam **MUP-a** pre svega od jedne veoma zarazne bolesti s kojom se on svakodnevno susreće, a koja se zove **Kriminal** (*Variola revolvera*).

ona se teško primećuje, tako da se posle određenog vremena više ne može napraviti jasna razlika između **Kriminalizovanih Pendrektualaca** i **Domaćih Kriminalaca**, jer svi ti mutirani primerci izgledaju kao ono prvo, a ponašaju se kao ono drugo.

To i nije preterano čudno, kada se uzme u obzir da su oni tokom svojih „aktivnosti" upućeni jedni na druge, to jest da i jedni i drugi imaju sasvim dovoljno vremena i prilike da upoznaju kako uslove u kojima živi druga strana tako i njene životne navike. Ovo se naročito odnosi na upoznavanje okolnosti u kojima živi prosečan **Domaći Kriminalac** od strane prosečnog **MUPandura**, iz prostog razloga što **MUPanduri Domaće Kriminalce** jure, a **Domaći Kriminalci** od **MUPandura** beže, sem ponekad, kad ne mogu ili više neće da beže, pa ih „sačekaju".

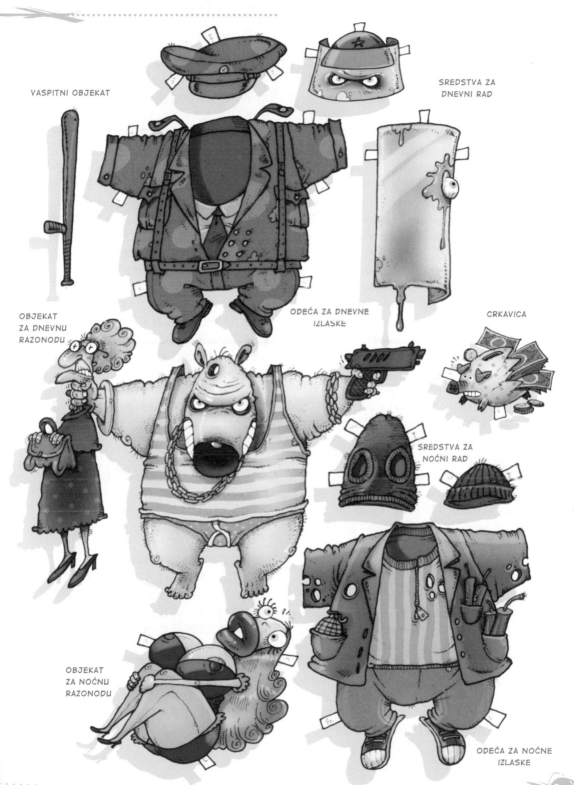

VASPITNI OBJEKAT

SREDSTVA ZA
DNEVNI RAD

OBJEKAT
ZA DNEVNU
RAZONODU

ODEĆA ZA DNEVNE
IZLASKE

CRKAVICA

SREDSTVA ZA
NOĆNI RAD

OBJEKAT
ZA NOĆNU
RAZONODU

ODEĆA ZA NOĆNE
IZLASKE

INTERVJU s Kriminalizovanim Pendrektualcem

INTERVJUER: *Evo nas sada sa suštinski izmenjenom verzijom vrste* **Mrki Ulični Pandur** *(Mupus murius), koja ima i drugačije ime –* **Kriminalizovani Pendrektualac** *(Crimos pendrectualis). Zbog prirode onoga što trenutno radi, insistirao je na tome da mu glas bude elektronski obrađen, dakle neprepoznatljiv, tako da je propušten kroz „frfljator", uređaj koji kroz običan govor provlači frfljo-frekvencije, a koje u određenoj meri deformišu glas. „Frfljator" je vrlo efikasan kod sakrivanja glasovnog identiteta, ali ga sagovornici ne vole, jer kroz njega povremeno zvuče idiotski. Nadamo se da to našem sagovorniku neće smetati. Dobar dan!*

KRIMINALIZOVANI PENDREKTUALAC: Dobar dan.

INTERVJUER: *Hoćete li da smanjim „frfljator" na dvojku pre nego što počnemo?*

KRIMINALIZOVANI PENDREKTUALAC: Ma ne moraš da ga smanjuješ, možemo ovako...

INTERVJUER: *U redu. Vi ste, dakle, u jednom trenutku prestali da budete* **MUPandur**, *da biste postali* **Kriminalizovani Pendrektualac**, *neka verzija* **Domaćeg Kriminalca**, *odnosno onaj protiv koga bi trebalo da se borite?*

KRIMINALIZOVANI PENDREKTUALAC: Ne, taman posla, ja sam u principu i dalje na strani reda i zakona... Samo što sad mogu normalno da živim...

INTERVJUER: *Aha... A kako ste to pre živeli?*

KRIMINALIZOVANI PENDREKTUALAC: Strašno! Znate li vi kako je to kada svaki dan gledate kako ti Domaći Kriminalci žive, onako, na visokoj nozi, imaju SVE što pomisle, a vi se patite, sa suprugom i sa dvoje maloletne dece... Jedva smo spajali kraj s krajem...

INTERVJUER: *I šta ste onda uradili?*

KRIMINALIZOVANI PENDREKTUALAC: Ništa naročito! Kad sam se jedno veče vraćao s posla, sačekala su me dvojica Domaćih Kriminalaca s jednom ... ponudom koju nisam mogao da odbijem...

INTERVJUER: *Pretili su vam oružjem, je l'?*

KRIMINALIZOVANI PENDREKTUALAC: Ne, nego su mi dali ručni sat...

INTERVJUER: *Dali su vam ručni sat?*

KRIMINALIZOVANI PENDREKTUALAC: Da, evo ovaj... Strašno je kvalitetan, marke Medicina.

INTERVJUER: *MEDICINA?*

KRIMINALIZOVANI PENDREKTUALAC: Ne znam tu marku, ali ova dvojica mi rekoše da je švajcarski...

INTERVJUER: *Da pogledam... Hm, nije švajcarski. Piše da je iz Kine...*

KRIMINALIZOVANI PENDREKTUALAC: Gde piše?

INTERVJUER: Tamo gde obično piše marka... Vidite, nije MEDICINA nego MADEINCHINA...

KRIMINALIZOVANI PENDREKTUALAC: Mda... E pa, ja ne znam sad, oni mi uglavnom rekoše da radi – kô švajcarski sat... Vidiš, ima i datum, samo nije podešen, stalno pokazuje da je 18.

INTERVJUER: Nije to datum, to je zalepljena cena, ovaj sat je koštao 18 evra. Evo, odlepio sam je... Dobro, nije bitno, dali su vam sat, a recite, jesu li vam pretili?

KRIMINALIZOVANI PENDREKTUALAC: Jesu.

INTERVJUER: Pa, to mi recite... Kako su vam pretili?

KRIMINALIZOVANI PENDREKTUALAC: Pa pretili su... Rekli su da će da mi uzmu sat ako ne uradim ono što traže od mene!

INTERVJUER: A nisu vam uz taj sat nudili i neke pare?

KRIMINALIZOVANI PENDREKTUALAC: Pa nego šta su! Odma' su mi ponudili da uzmem pare, ali ja nisam hteo ni da čujem!

INTERVJUER: Znači, odbili ste da primite novac?

KRIMINALIZOVANI PENDREKTUALAC: Pa na šta vam ja ličim?! Na nekoga ko prima pare od kriminalaca nasred ulice? Mislim...

INTERVJUER: Ne, nisam tako mislio...

KRIMINALIZOVANI PENDREKTUALAC: Taman posla! Ja sam insistirao da uđemo u haustor... Tamo lepo mogu i da prebrojim tu lovu ... i da mi objasne kako se navija sat i namešta datum ... i sve!

INTERVJUER: Dobro... I šta je trebalo da vi uradite za to?

KRIMINALIZOVANI PENDREKTUALAC: Ništa! U tome i jeste stvar! Kad god oni naprave nešto Domaće Kriminalno, ja ne treba da radim ništa! Samo da se pravim blesav...

INTERVJUER: Kako, na primer?

KRIMINALIZOVANI PENDREKTUALAC: Pa šta ja znam... Ako, recimo, oni pljačkaju banku, tu, u mom kraju, ja stražarim, pa ako naiđu pravi Panduri ... mislim ... kolege, ja ih zadržavam dok ovi moji ne pobegnu...

INTERVJUER: Ovi VAŠI? Au, pa vi rekoste da ste na strani reda i zakona?

KRIMINALIZOVANI PENDREKTUALAC: Ne, rekô sam da sam U PRINCIPU na strani reda i zakona, a ovako, u svakodnevnom životu, ne mogu da se držim principa kô budala! Mora od nečeg i da se živi...

INTERVJUER: Mda... Zanimljiva teorija... Šta još radite?

KRIMINALIZOVANI PENDREKTUALAC: Onda, drugi put se dogovorimo da oni ukradu auto!

INTERVJUER: Zanimljivo...

KRIMINALIZOVANI PENDREKTUALAC: Da, i dinamično je... Ja sam tu negde, u blizini, na straži... Oni prvo onesposobe alarm, onda obiju bravu, uđu unutra i odvezu auto...

INTERVJUER: A vi?

KRIMINALIZOVANI PENDREKTUALAC: Ja sačekam da dođe vlasnik ili ga sam pozovem...

INTERVJUER: I, šta mu kažete?

KRIMINALIZOVANI PENDREKTUALAC: Kažem mu da je pogrešno parkirao auto i da sam ja pozvao pauka koji ga je odneo...

INTERVJUER: A on?

KRIMINALIZOVANI PENDREKTUALAC: On kaže da nije parkirao pogrešno, počne da se nervira, ali ništa mu ne vredi, ja već pišem kaznu...

INTERVJUER: Kaznu za pogrešno parkiranje?

KRIMINALIZOVANI PENDREKTUALAC: Da, i plus doplatu za uslugu odnošenja vozila...

INTERVJUER: Pa zar se to ne plaća prilikom preuzimanja auta?

KRIMINALIZOVANI PENDREKTUALAC: Plaća se.

INTERVJUER: Pa što onda plaća vama?

KRIMINALIZOVANI PENDREKTUALAC: Eee, kažem mu da je to sad po novom i da je dosta jeftinije ako plati odmah... (smeh)

INTERVJUER: *Shvatam... A gde idu pare koje vam je dao?*

KRIMINALIZOVANI PENDREKTUALAC: Kako gde idu? Idu meni u džep!

INTERVJUER: *Vama u džep? Auuu! I uvek vam plate na licu mesta?*

KRIMINALIZOVANI PENDREKTUALAC: Većina plati. Ma, uniforma je čudo! Znaš kako ja zajebano izgledam u uniformi? Da se smrzneš...

INTERVJUER: *Znači, pljačke banki, krađe automobila... Oko čega još pomažete **Domaćim Kriminalcima**?*

KRIMINALIZOVANI PENDREKTUALAC: Tu i tamo oko droge...

INTERVJUER: *Oko droge?*

KRIMINALIZOVANI PENDREKTUALAC: ... nešto više oko oružja...

INTERVJUER: *Opa! I droga i oružje?*

KRIMINALIZOVANI PENDREKTUALAC: ... a ređe oko otmica!

INTERVJUER: *I oko otmica im pomažete?*

KRIMINALIZOVANI PENDREKTUALAC: Pa normalno! Što da im ne pomažem? Ako neću ja, pomoći će im neko od kolega...

INTERVJUER: *Ima li nešto što ne radite sa **Domaćim Kriminalcima**?*

KRIMINALIZOVANI PENDREKTUALAC: Reketiranje!

INTERVJUER: *Reketiranje ne radite? Otkud to?*

KRIMINALIZOVANI PENDREKTUALAC: Pa... Nije moralno da to radim...

INTERVJUER: Reketiranje nije moralno, a droga, oružje i otmice su moralne?

KRIMINALIZOVANI PENDREKTUALAC: Zato što je veća lova u pitanju! To ne možeš da odbiješ, to je moralno da se radi, a ovo nije...

INTERVJUER: Čekajte... Šta po vama znači reč „moralno"?

KRIMINALIZOVANI PENDREKTUALAC: Kako šta mi znači „moralno"? Pa, kad nešto MORAŠ da radiš da bi uzeo lovu! A reket ne moram da radim, znači, nije moralno, jer – nije neka lova... Razumeš?

INTERVJUER: Razumem...

KRIMINALIZOVANI PENDREKTUALAC: Šta te još zanima?

INTERVJUER: Zanima me kako je moguće da se posle Izbornog Udara i dalje dešavaju takve stvari?

KRIMINALIZOVANI PENDREKTUALAC: Kakve stvari?

INTERVJUER: Pa to, da se vi, kao organ reda, bavite svim tim, da izvinete na izrazu, kriminalnim radnjama? Nadam se da se ne ljutite što sam ovako direktan?

KRIMINALIZOVANI PENDREKTUALAC: Ma budi ti, bre, direktan kol'ko god 'oćeš! Pas laje, vetar nosi! Ovde se, bre, i gore stvari pričaju svaki dan... Pogledaj samo naslovne strane najtiražnijih tabloidiota... (smeh)... Svako čudo traje jedan

dan, najviše dva... Kad je meni elektronski zaštićen glas, kao da ti niko ništa nije ni rekao... Shvataš?... Ja bih mogao da budem bilo ko, za one koji ovo čitaju ili slušaju... Mogu da budem visoki Vladin službenik, a mogu da budem i neka ulična protuva... Mogu da budem sudija, ili tužilac, a mogu da budem i bivši funkcioner bivše vlasti koga si angažovao da priča sve ove stvari da bi aktuelnu vlast prikazao što gore... Mogu da budem i strani plaćenik, a mogu da budem i domaći izdajnik... (smeh)

INTERVJUER: A ne smeta vam to što vas otvoreno svrstavam među Kriminalizovane Pendrektualce, bar na osnovu ovoga što mi pričate?

KRIMINALIZOVANI PENDREKTUALAC: Ma, slušaj, da to meni nešto smeta, ti bi već bio hitan slučaj u Hitnoj pomoći... Al' bi te primio neko od NAŠIH tamo, pa bi ti, prijatelju, dosad verovatno već bio proglašen mrtvim, a možda i sahranjen... (smeh)

INTERVJUER: Uh, onda mi je drago što vam ne smeta...

KRIMINALIZOVANI PENDREKTUALAC: Slušaj... Ti si, bre, mnogo naivan...

INTERVJUER: Što?

KRIMINALIZOVANI PENDREKTUALAC: Je l' znaš ti kako sam ja od Mrkog Uličnog Pandura postao ovo što ti zoveš Kriminalizovani Pendrektualac?

INTERVJUER: Ne...

KRIMINALIZOVANI PENDREKTUALAC: Pa ja, za početak, uopšte nisam hteo da budem Mrki Ulični Pandur...

INTERVJUER: Nego?

KRIMINALIZOVANI PENDREKTUALAC: Nego Domaći Kriminalac!

INTERVJUER: Auh! I smete to da izjavite?

KRIMINALIZOVANI PENDREKTUALAC: Što ne bi' smeo? Ja sam, bre, vlast, a i elektronski mi je zaštićen glas...

INTERVJUER: Dobro, pa što niste tada postali to što ste hteli?

KRIMINALIZOVANI PENDREKTUALAC: Zato što nisam bio dovoljno sposoban da bi' postao Domaći Kriminalac!

*INTERVJUER: A bili ste dovoljno sposobni da postanete **Mrki Ulični Pandur?***

KRIMINALIZOVANI PENDREKTUALAC: Pa, dobro, nisam ja baš najsvetliji primer Mrkog Uličnog Pandura... (smeh) Nemoj da mi vređaš kolege Pandure koji nisu kao ja... (opet smeh)

INTERVJUER: Izvinjavam se...

KRIMINALIZOVANI PENDREKTUALAC: Ma zajebavam te, bre!

INTERVJUER: Aha...

KRIMINALIZOVANI PENDREKTUALAC: Šta ti misliš, zašto ovakvi kao ja znaju s Kriminalcima?

INTERVJUER: Nemam pojma, zaista...

KRIMINALIZOVANI PENDREKTUALAC: Pa zato što su ti isti Kriminalci nekad bili naši ortaci iz kraja! Mi smo, bre, odrastali zajedno, igrali fudbal i basket, jurili ribe... E, onda su neki iz tog društva postali velika muda u svetu kriminala, uvek su imali puno love, dobra kola, krstove na retrovizorima, zlatne kajle oko vrata, srebrne pištolje velikog kalibra, solarijumski bronzane ribe, a mi ostali smo bili ljubomorni na njih, pa su neki od nas otišli u Pandure i sad ih, kao, jurimo, privodimo, hapsimo, ispitujemo, pokazujemo im ko je vlast i da ne može baš uvek sve po njihovom!

INTERVJUER: Ali maločas ste ispričali kako im POMAŽETE u mnogim njihovim kriminalnim radnjama...

KRIMINALIZOVANI PENDREKTUALAC: To je druga stvar, tu delimo lovu...

INTERVJUER: Aha... U svakom slučaju, hvala na ovako iskrenim odgovorima... Da li se plašite za svoju sigurnost, s obzirom na to da ste ispričali neke malo manje poznate stvari?

KRIMINALIZOVANI PENDREKTUALAC: Ma čega, bre, da se plašim? To treba da se plašite vi, običan svet... Ja imam prijatelje i kumove i među jednima i među drugima i među trećima. Dokle god sam spreman da ispoštujem sve njih, nemam čega da se plašim, razumeš?

INTERVJUER: Mislim da sad razumem. Hvala vam još jednom.

KRIMINALIZOVANI PENDREKTUALAC: Ma zaboravi... Nego, kako se ovo govno gasi? Stvarno zvučim odvratno dok ovo pričam...

INTERVJUER: Auu, pa frfljator ipak nije bio uključen... Ovo je sve bio vaš originalni glas... Izvinjavam se!

KRIMINALIZOVANI PENDREKTUALAC: (sasvim ozbiljno i uplašeno) Ej, mali, nemoj da se zajebavaš!!! TO NE SME da ide s mojim original glasom!

INTERVJUER: Ne, ne, taman posla... Ništa ne brinite, obradićemo vam glas, sredićemo ga onako kako smo se dogovorili...

KRIMINALIZOVANI PENDREKTUALAC: Da ga obradiš, nego šta! Da nas ne bi obojicu pronašli u nekom jarku pored puta, obrađene i sređene...

7. Metamorfoza Domaćeg Kriminalca
(doduše, kratkovečna)

Originalni **Domaći Kriminalac** (*Crimos domesticus*) uvek je spadao u one vrste koje su situaciju sagledavale sa surovom realnošću. On nikada nije gajio iluzije da će večito moći da se bavi svojom osnovnom delatnošću – **domaćim kriminalom**. Pri tom, klimatski uslovi za bavljenje tom delatnošću u Nacionalnom parku SRBIJA nisu preko noći postali ništa lošiji, osim neposredno posle **Izbornog Udara**, kada je svima izgledalo da je došlo do **SMAKA PROBISVETA**.

Kada se ispostavilo da je, posle svega, ipak nastupio samo **POLUSMAK POLUSVETA**, to je bio signal za **Domaćeg Kriminalca** da ponovo počne da se bavi svojim poslom, a pošto je uvek bio „vredan", nije mu trebalo mnogo da ponovo uspostavi sve odnose i veze kako bi nastavio da bude uspešan.

Međutim, pošto su se neke stvari ipak promenile, a pre svega one koje se tiču efikasnosti naplate od strane državnog mehanizma, kako pošteno zarađenih tako i „pošteno" zarađenih para, **Domaći Kriminalac** se, nalik još nekim vrstama, našao u situaciji da mora da legalizuje svoj biznis.

Poznato je da su **Domaći Kriminalci** oduvek bili fascinirani ugostiteljstvom, bilo kao redovni gosti ugostiteljskih objekata, bilo kao reketaši ili čak podizači u vazduh istih, bilo kao vlasnici jednog ili više njih. Nije onda čudno što su pojedini primerci ove vrste rešili da upravo za ugostiteljstvo vežu svoju nedovoljno sigurnu budućnost.

Pošto i pored „odlaska u zasluženu penziju", odnosno u nekakav manje-više legalan biznis, **Domaći Kriminalac** nikako nije mogao da poništi ili prikrije ni svoju prošlost, ni kontakte koje je negovao tokom tog perioda, može se i pretpostaviti da su neke „stvari" i neki „odnosi" s nekim „ljudima" ostali neraščišćeni.

Zato se, s vremena na vreme, među sadašnjim i bivšim **Domaćim Kriminalcima** sprovode takozvane **čistke**, kako bi se sve to **neraščišćeno** blagovremeno **raščistilo**. Zauvek.

Upravo zbog takve jedne **čistke**, ni mi danas nismo u mogućnosti da vam ponudimo intervju s jednim od bivših **Domaćih Kriminalaca**, poznatim pod nadimkom **Kašikara**, koji je doživeo ne jednu nego više metamorfoza, pretvorivši se u prvom trenutku u **Odomaćenog Ugostitelja** (*Crimos drpus domesticus*), pa u **Opomenutog Ugostitelja** (*Crimos drpus uprpus*), nešto kasnije u **Obogaljenog Ugostitelja** (*Crimos drpus invalidus*) i na samom kraju u **Overenog Ugostitelja** (*Crimos horeca amen*)(→).

Zbog svega toga, umesto dogovorenog, ali nikad realizovanog intervjua, ne preostaje nam ništa drugo nego da se o njemu malo podrobnije obavestimo tako što ćemo ovde preneti delove govora koji su se mogli čuti na njegovom poslednjem ispraćaju u **Aleji sačekanih, pa overenih žestokih momaka sa vrućeg gradskog asfalta**, kako neki zovu taj deo groblja, ili **Kriminaleji**, kako ga zovu neki drugi.

Ako smatrate da je malo morbidno prenositi delove posmrtnih govora na ovom mestu, molimo vas da shvatite da je to bio jedini način da o pokojniku saznamo nešto više i to od onih sa kojima je živeo, ali i najduže i najintenzivnije sarađivao.

→ Overeni Ugostitelj (Crimos horeca amen)

Poslednja faza metamorfoze u životu i radu **Domaćeg Kriminalca**, koji je tom promenom pokušao (ali samo za kraće vreme i uspeo) da odloži neminovno. Otud se u njegovom šarlatinskom imenu krije i njegov epitaf – **Crimos horeca amen** (horeca je globalno usvojena skraćenica za HOteli, REstorani CAfei). U slobodnom prevodu – „kriminalac koji više nije ni u ugostiteljskom biznisu, ni u životu".

Bratu Kašikari

**Bulevar Strahinjića
Šabana više neće biti
isti bez tebe**

od Grkljana

Kalencetu

od njegove

Bubuljice

Kale, brate,

počivaj u miru

Ćosavi i Prdež

Deo govora druga s ratišta...

„Znači, dragi brate Kale,
Znači, evo nas kako smo došli da te otpratimo, znači, kako dolikuje jednom bratu... Znači, nema te više, brate, ali, znači, kucaš u našim srcima, brate, znači tika-taka i to, mis'im... Znači, sačekale su te ljudske pizde, znači, funjare ljigave, najgora jaja, brate, i čmarovi, i znači, overili su te sa đale, direktno u vugla magnumom 357, brate ... znači, sečam se toga kao da je juče bilo... Znači, otadžbina, herojstvo, hrabrost, znači, bela tehnika, šleperi, benzin... I naravno, nešto malo droge i nešto malo love... Znači, šta reči, brate... Bio si heroj, pravi hrišćanin, znači, voleo si da kokaš Ujke i Turke, a, znači, samo izuzetno i ponekog binaSr, ali samo ako je baš mnogo jeo vnago i, znači, ako je cinkario...“

Deo kumovljevog govora...

„Kašikara, kume moj i brate,
Ovo što su ti uradili dušmanski smradovi, a ja ih znam koji su, mamu li im jebem, to neče da se završi na tome... Ne brini, brate, ni za lovu, ni za kafič, ni za ženu, ni za decu, ni za neuterane dugove... Tvoji neuterani dugovi su sad moji dugovi, tvoja deca su sad moja deca, tvoja žena je sad moja žena, tvoj kafič je sad moj kafič i tvoja lova je sad moja lova... Počivaj u miru i računaj da če govna koja su te skenjala vrlo brzo biti u kanalizaciji...“

Kaletu

**od Šuljage, Malenog
i Mesnate**

Bratu Kašku

**od brata
Zunzare**

Kaško, care,

**nećemo te
zaboraviti**

**Rošavi, Guzonja
i Pizda**

Deo govora ucveljene udovice...

„Dragi moj Kaško,

Hvala ti na svemu što si mi omogućio da imam, što si mi omogućio da imam tebe i što si ti imao mene, i što smo imali naše anđele, malog Stefana Nemanju i našu Vilu Ravijojlu, koje ću nastaviti da vaspitavam onako kako si ti želeo da budu vaspitavani – u crkveno-vizantijskom duhu. Ti znaš koliko sam plakala od sreće kad smo ih krštavali, uz Marš na Drinu koji je samo zbog toga ekspresno doved... došao. (*nejasno, izgleda da je od uzbuđenja preskočila red u čitanju*) Nemoj, Kalence, da mi zameriš što sam slupala sve one džipove i svu onu lovu iz kafića; ti znaš kako se ja otkačim kad sam našmrkana... Znaš da tada ni sopstvenu decu ne prepoznajem... I sad sam malčice šmrknula, jer ne mogu mirno da gledam kako tebe polažu u zemlju, a moji i tvoji neprijatelji još hodaju po njoj... Dabogda crkli! I dabogda im tvoj nadimak eksplodirao u ustima!...“

Poslednji pozdrav za brata Kašikaru

njegova braća

Guzonja, Zunzara, Grkljan, Čukalj, Žohar i Slina

8. Složena Metamorfna Simbioza Obogaćenog Ugostitelja i Srpskog Biznismena

mućniji stanovnici Nacionalnog parka SRBIJA oduvek su voleli da budu dobro ugošćeni, tako da je vrsta **Obogaćeni Ugostitelj** (*Drpus ohoho*) uvek mogla da računa na prvi deo svog imena – na **obogaćenost**. To je tako bilo i pre **Izbornog Udara**, tako je i sada, a tako će verovatno biti i ubuduće. To, dakle, nema nikakve veze sa **POLUSMAKOM POLUSVETA**.

S druge strane, **Srpski Biznismen** (*Camionus avionus*) nije preterano vešt da nešto sam napravi, ali zato uglavnom jako dobro uspeva da **proda** ono što naprave drugi. On, znači, nije toliko *stvaralac*, koliko je *trgovac*. Uglavnom, i njega slobodno možemo smatrati **obogaćenim**.

A zašto je ovo bilo važno napomenuti?

Pa zbog toga što su ove dve vrste, živeći u nekoj vrsti **simbioze**, omogu- ćile nastanak sasvim treće, složenije vrste – koja istovremeno ima i osobine **Srpskog Biznismena** (*Camionus avionus*) i **Obogaćenog Ugostitelja** (*Drpus ohoho*) i koja je odjednom, po svojim osobinama, počela veoma da podseća i na **Pokvarenog Političara** (*Smradus bescrupulozus*), a koja se sad zove **Političko-Ugostiteljski Srpski Biznismen** (*Smradus drpus camionus*)(→).

Složeno, a? E, a tek da vidite za šta je sve taj **mutant** sposoban...

Naime, on je od **Obogaćenog Ugostitelja** nasledio **folirantsku uslu- žnost** i **autentičnu servilnost** (po potrebi), kao i neverovatnu **sposobnost beskrupuloznog zakuvavanja**; od **Srpskog Biznismena** je nasledio **agresivnost, grandomaniju** i **veštinu enormnog zarađivanja na muljanju**, a od **Pokvarenog Političara** takođe je preuzeo sve najgore, samo pome- šano sa svim ovim prethodnim na jeziv način: **agresivno-ljigavu servil- nost**, pomešanu sa **enormnom količinom muljanja** radi **ostvarivanja grandomanski projektovanih zarada**, uz **beskrupulozno zakuvavanje situacije**, a sve u cilju **bespoštednog grabeža za svim i svačim, a u per- spektivi i za vlašću!**

Uh! Kao što vidite, nije lako ni izgovoriti, a kamoli nositi u sebi!

Međutim, pravi, punokrvni **Političko-Ugostiteljski Srpski Biznismen** bez ikakvih problema žonglira svim tim svojim osobinama, i još se pravi naivan!

A ako se zapitamo šta je to što zaista spaja i drži spojenim sve te tri mutirane spodobe, odgovor je neočekivano jednostavan: *uz sumnjivo poreklo velikih* **para** *(biznismen), kad-tad dolazi i neutaživa* **glad** *(ugostitelj) za* **vlašću** *(političar)*. Toliko o njemu, odnosno njima.

I, na kraju, umesto teško zamislivog intervjua sa ovim *frankenštajnom* (u kome on ne bi mogao da se opredeli za to da vas nečim posluži, sklopi posao s vama na osnovu veštog političarskog ulagivanja ili da se jednostavno obogati na vama na pokvaren način), evo jedne male analize mentaliteta iz koje provejava **sprega između biznisa, ugostiteljstva i politike** u Nacionalnom parku SRBIJA.

→**Političko-Ugostiteljski Srpski Biznismen**
(Smradus drpus camionus)

Ne treba ga samo na osnovu prisustva „ugostiteljskog" elementa brkati s podvrstom **Srpski Biznismen sa Sirom** (negde poznat i kao **Šopski Biznismen**), koja nema nikakav uticaj na zbivanja u Parku, ali zato samo prisustvo **sira**, ako je dobar, ima i te kakav gastronomski uticaj na ukus bilo čega što ide uz njega.

ŠOPSKI
BIZNISMEN
(SRPSKI SA
SIROM)

Šta jedu Srbi?

Pošto nemamo statističke podatke o tome, dozvolićemo sebi
da malo preformulišemo pitanje, svesni da time priča dobija
za nijansu drugačiji gastronomski ton...

Dakle: *Šta su sve Srbi spremni da progutaju?*

I, naravno, istog momenta dobijamo pregršt sličnih
asocijacija, gotovo teza, sve jednu inspirativniju od druge:

- Šta sve treba servirati Srbima i kako?
- Koliko je jak stomak u Srba?
- Šta je to što Srbi nikako ne mogu da svare?
- Da li se i Srbima ponekad prevrne želudac?
- Šta biva kad Srbi postanu siti svega?

Tajac...

Pitanja su tu, ali izgleda da niko nije spreman da odgovara.

Iako se smatramo odgovornim Srbima, nismo sigurni da
bismo znali odgovore na sva. Zato ćemo reći samo ono u šta
jesmo sigurni – Srbi su najviše skloni specijalitetima iz Domaće
kuhinje.

I zaista, retko ko je u stanju da tako zaprži čorbu Srbima
kao – Srbi. Da ne pominjemo naknadno zakuvavanje, prženje,
barenje, pečenje na tihoj vatri, uvaljivanje vrućeg krompira,
ili, s druge strane, iznenadno stavljanje na led ili pod led...

Pošto je, dakle, Domaća kuhinja non-stop u pogonu, Srbi
imaju veoma izraženu potrebu za nekim ko bi tu bio »Chef«.
A Srbi, kad jednom nekog prihvate, bezuslovno zavole i proglase
za Šefa (kuhinje), imaju toliko jaku potrebu da se sasvim
prepuste njegovom ukusu da su u stanju da iz dana u dan
kusaju doslovce sve što on smisli, spremi i iznese pred njih.
Interesantno je to što nastavljaju da redovno konzumiraju
i ono što je donedavno možda i bilo sveže, ali se u međuvremenu
prilično ubajatilo, pa čak počelo i da truli.

Kad rano ustanu, Srbi su toliko izgladneli da im se čini da bi
sve i svakog mogli da pojedu za doručak, te se tako i ponašaju.
Tu negde, u vreme ručka, polako počne da se ispostavlja da je
ono od jutros možda ipak bio prevelik zalogaj. A uveče, kad je
već skoro prekasno, kad zavlada potpuni mrak i, po pravilu, sve
padne mnogo teže na stomak, Srbi se opasulje.

Osim tri redovna, Srbi imaju i tradiciju jednog vanrednog,
neobaveznog međuobroka, kojim su spremni da ponude bilo

koga, u svako doba. Ako pak smatraju da ga dotični preterano konzumira, oni mu dobronamerno sugerišu da prestane.

S jedne strane izgladnjivanje, s druge strane proždrljivost. U svakom slučaju – neumerenost. E, to je već zaštitni znak Srba.

Da, ali šta rekosmo da Srbi konkretno jedu?

Možda ponajviše – sami sebe. A od čega sit od toga i debeo.

SVRAKE SU NAM
MOZAK POPILE

DŽIGERICU SU NAM POJELI

ŽIVCE SU NAM
POKIDALI

9. Metamorfoza Pokvarenog Političara

Endemska vrsta **Pokvareni Političar** (*Smradus bescrupulozus*), kao jedna od uticajnijih u Nacionalnom parku SRBIJA, takođe doživljava metamorfozu u nešto veoma slično vrsti **Prinudnog Neradnika** (*Arbaitus paradaiz*). Međutim, za razliku od ostalih metamorfoza u Nacionalnom parku SRBIJA, započetih posle **Izbornog Udara**, početak ove datira odranije.

S obzirom na to da je bavljenje „politikom" u Nacionalnom parku SRBIJA nešto što ne može tako lako da se objasni (jer niko nije sasvim siguran šta ti koji se njome bave u stvari **rade**), proces pretvaranja **Pokvarenog Političara** u **Prinudnog Neradnika** traje neprekidno. On, dakle, nije neposredna posledica **POLUSMAKA POLUSVETA**, odnosno, s aspekta te metamorfoze, POLUSMAK POLUSVETA je proces koji traje otkad je **pokvarenosti** (*bescrupulozusa*), **politike** (*smradusa*) i **nerada** (*paradaiza*)!

A zašto se uopšte **Pokvareni Političar** pretvara u **Prinudnog Neradnika**? I kako se to mutirano stvorenje zove?

Da odgovorimo prvo na jednostavnije od ova dva pitanja – rezultat te metamorfoze dobio je ime **Političko-Burazerski Neradnik** (*Smradus antiradus burazerium*).

A sada da objasnimo zašto je uopšte došlo do metamorfoze.

Pre svega, **Pokvareni Političar** u Nacionalnom parku SRBIJA **nikada** nije ni umeo, ni imao želju da nešto radi (osim za sebe), pa se on u suštini manje u nešto pretvara, a više potvrđuje da već jeste ono što je oduvek i bio – **neradnik**. A ako se pitate zašto on uzima baš osobine **PRINUDNOG** Neradnika, to je zato što je **Pokvareni Političar** upravo kombinacijom onoga što je suština **bavljenja politikom** (bar u Nacionalnom parku SRBIJA) i njegove urođene **burazerštine** (*burazerium smradianum*)(→), bukvalno **PRINUĐEN da ne radi**! To je, dakle, jače od njega.

Morate ga razumeti: kad bi uzeo nešto da **RADI**, **Političko-Burazerski Neradnik** više ne bi imao dovoljno snage i vremena da ispolji svoju izraženu sklonost ka **neradu** i **burazerštini**, što bi dovelo do snažnog unutrašnjeg sukoba, do sudara njegovog karaktera i njegovog imena, a tako možda i do **ugroženosti čitave vrste**!

Ovo naročito dolazi od izražaja kada **Političko-Burazerski Neradnik** dođe na vlast, pa iz sve snage i sa velikim (burazerskim) entuzijazmom krene da **ništa ne radi**! A i zašto bi išta radio kad **nikome i ni za šta ne mora da odgovara**!

Međutim, ono što **Političko-Burazerskog Neradnika** ipak razlikuje od običnog **Prinudnog Neradnika** jeste to što onaj prvi, kako već rekosmo, ako nešto i radi, on to radi **isključivo za sebe** (eventualno za potencijalnog „burazera"), dok je ovaj drugi (**Prinudni Neradnik** kao vrsta) čak i u tom pogledu potpuno pasivan. Ali o njemu nešto kasnije.

A sada, evo prilike da se, kroz još jedan intervju, malo bliže upoznate s predstavnikom vrste **Političko-Burazerski Neradnik**. Pošto je jedan od njih mnogo žurio, od pola intervjua se uključio drugi, ali videćete, to vam neće smetati, a dalo je čitavom intervjuu neku dodatnu dinamiku. Osim toga, korisno je upoznati njegove različite pojavne oblike.

→**Burazerština** *(burazerium smradianum)* – negde poznata i kao **burazerovanje**, jedna je od urođenih osobina **Pokvarenog Političara**, a još izraženija kod **Političko-Burazerskog Neradnika**. To je kombinacija iznenadne, prenaglašene prisnosti i samo delimično prikrivene namere da se žrtva iskoristi i, ako je moguće, diskretno namagarči. A sve to počinje naivnim unošenjem u lice i namigivanjem, uz često umetanje ključne, zbunjujuće reči **burazeru** u najosetljiviji kontekst. Primećena je upotreba i drugih sličnih reči kao **baki**, **bato**, **batke**, **bate**, ali ne i **brate**, jer je to rezervisano za sasvim drugu vrstu. Ipak, **burazerštinu** treba razlikovati od **mangupskog** (ili „dripačkog", ili „šalabajzerskog") **sindroma**, koji je mnogo bezazleniji, a manifestuje se kroz kombinaciju nekoliko sinhronizovanih, dobro uvežbanih radnji koje se smenjuju ili paralelno dešavaju tokom ozbiljno započetog razgovora:

– **mangupsko (dripačko, šalabajzersko) namigivanje** (brzo zatvaranje i otvaranje jednog oka u funkciji davanja znaka nekom od prisutnih da je ono što se priča netačno, neozbiljno ili nevažno)

– **mangupsko (dripačko, šalabajzersko) laktarenje** (kratki i učestali udarci laktom u slabine ili u ruku sagovornika u funkciji davanja znaka nekom od prisutnih da je ono što se priča netačno, neozbiljno ili nevažno)

– **mangupsko (dripačko, šalabajzersko) šutiranje ispod stola** (bez želje da se izazove bol, u funkciji davanja znaka nekom od prisutnih da je ono što se priča netačno, neozbiljno ili nevažno)

– **mangupsko (dripačko, šalabajzersko) dobacivanje za stolom** (takođe u funkciji davanja znaka nekom od prisutnih da je ono što se priča netačno, neozbiljno ili nevažno)

INTERVJU s Političko-Burazerskim Neradnikom

INTERVJUER: *Predstavnik vrste* **Političko-Burazerski Neradnik,** *s kojim ćemo sada razgovarati, zamolio nas je da ne dužimo previše, jer žuri, tako da odmah prelazimo na stvar. Dobar dan, kako ide?*

POLITIČKO-BURAZERSKI NERADNIK 1: Evo, gura se, baki, šta da ti kažem!

INTERVJUER: *Znam da žurite...*

POLITIČKO-BURAZERSKI NERADNIK 1: Jeste, ali **baš** se žurim!

INTERVJUER: *Aha, pa hoćete da odložimo intervju za kasnije, ako toliko žurite?*

POLITIČKO-BURAZERSKI NERADNIK 1: Ma to nema šanse! Samo ću još više da žurim! Nego, pitaj, baki, to šta imaš, pa d' idemo...

INTERVJUER: *Dobro... Mada mi je malo čudno da vi, kao* **Političko-Burazerski Neradnik** *toliko žurite... Da nemate nešto, daleko bilo, da radite?*

POLITIČKO-BURAZERSKI NERADNIK 1: Slušaj, nemoj da me zajebavaš s takvim pitanjima, a drugo – ti, bre, baki, brkaš stvari...

INTERVJUER: *Izvinjavam se. A u kom smislu brkam?*

POLITIČKO-BURAZERSKI NERADNIK 1: U svakom smislu. Da ti kažem ja nešto... Najvažnija stvar je da ljudi vide da ti negde žuriš. To je mnogo važno! Ja tako završavam sve poslove...

INTERVJUER: *A u stvari ne žurite?*

POLITIČKO-BURAZERSKI NERADNIK 1: U stvari žurim, ali na ručak ... ili na večeru. Ne mogu da razmišljam gladan i žedan, baki, pa to ti je...

INTERVJUER: *Dobro, ali šta ako ste, recimo, u nemogućnosti da odete? Na primer, kada je skupštinska sednica u toku...*

POLITIČKO-BURAZERSKI NERADNIK 1: Ma kak'a, bre, sednica, baki! Ja sa sednice najlakše pobegnem na ručak!

INTERVJUER: *Ali kako? Zar ne morate prvo da prisustvujete nekim raspravama, da izglasavate neke zakone? To traje dugo...*

POLITIČKO-BURAZERSKI NERADNIK 1: Pa traje, bre, baki, to ti i pričam! Nema šanse da ja sedim tamo po ceo dan... Dosadno, bre, da poludiš... Mada, kad je baš

MNOGO dosadno, mi začas napravimo atmosferu, znaš... Dobra je ekipa... Fini ljudi, duhoviti...

INTERVJUER: Mislite, napravite atmosferu kad počnete da se svađate?

POLITIČKO-BURAZERSKI NERADNIK 1: Ma nema tu svađe, baki, nemoj da te lažu. Mi tamo i dolazimo zato što je dobro druženje i dobra zajebancija... Pa je l' gledaš ti nekad šta se dešava u toj nesrećnoj Skupštini?

INTERVJUER: Gledam, ali ponekad... Ne mogu dugo da izdržim...

POLITIČKO-BURAZERSKI NERADNIK 1: Eto vidiš, baki... Pa ne možemo ni mi tamo da izdržimo dugo a da budemo ozbiljni... Zato malo-malo, pa okrenemo na zajebanciju, znaš... Mislim, naporno je... Vidiš da ljudi ... ovi, poslanici ... padaju u nesvest ... to je od napora...

INTERVJUER: Meni pre onaj izgleda kao da spava sve u šesnaest...

POLITIČKO-BURAZERSKI NERADNIK 1: Ma jok, bre, baki, taman posla, kak'i da spava...

INTERVJUER: Pa ja vidim da svaki drugi žmuri...

POLITIČKO-BURAZERSKI NERADNIK 1: A, to je drugo...

Pazi, taj što žmuri, on se koncentriše na problem. Razumeš? On se trudi da reši neki težak problem ove zemlje...

INTERVJUER: Ma dajte! A kad mu onako pada glava?

POLITIČKO-BURAZERSKI NERADNIK 1: E, to znači da mu je palo na pamet rešenje! Težak problem, pa teško i rešenje, zato ga onako udari, pa mu padne glava.

INTERVJUER: Hmm... Nisam načisto da li se šalite ili ste ozbiljni...

POLITIČKO-BURAZERSKI NERADNIK 1: Koji ti je, bre tebi, baki? Šta si navalio – Skupština, pa Skupština! Mnogo ti to ozbiljno s'vataš! Skupština ti je, bre, baki, ringišpil za narod... Zabavni program... Cirkus... Vašar... Tu unutra se ionako NIŠTA ne odlučuje...

INTERVJUER: Kako to mislite?

POLITIČKO-BURAZERSKI NERADNIK 1: Pa sve ti je to već dogovoreno i odlučeno dole u restoranu i tamo, na onom ... hodniku. Razumeš? A unutra se mi samo zajebavamo i slikamo... Al' meni je i to već dosadno...

INTERVJUER: Pa što vi onda uopšte idete u Skupštinu?

POLITIČKO-BURAZERSKI NERADNIK 1: Pa moram negde da sednem da pročitam novine... (smeh)

INTERVJUER: I samo zato idete u Skupštinu? Da pročitate novine?

POLITIČKO-BURAZERSKI NERADNIK 1: Ma zajebavam se, bre, baki. Taman posla, ja sam ozbiljan čovek... Vidi, u Skupštinu ideš iz dva vrlo ozbiljna razloga: da podigneš dnevnice i da jeftino jedeš...

INTERVJUER: Kolike su dnevnice – znam! A koliko li je tek jeftina hrana?

POLITIČKO-BURAZERSKI NERADNIK 1: E, to ne možeš da s'vatiš! Te cene su čista naučna fantastika! Kô da im je jelovnik i cenovnik pravio onaj ... Stevan Spilberg!

INTERVJUER: Dobro, osim što vaša vrsta u Skupštini čita novine, jede i zaj... i šali se, ima li među vama nekog da nešto **radi***?*

POLITIČKO-BURAZERSKI NERADNIK 1: Al' si ti zapeo sa tim radom! Opusti se, bre, baki, kratak je život... 'De ćeš, bre?... Nije dobro za zdravlje...

INTERVJUER: Znate šta... Ja pokušavam da saznam što više...

POLITIČKO-BURAZERSKI NERADNIK 1: Pa ne, samo te slušam... Rad, rad, rad! Odmakni se od mene, to mož' da bude zarazno... Hahaha... Auu! Vidi kol'ko je sati! Već je vreme za ručak... Izvini, baki, moram u Skupštinu... Aj' prijatno! (ode)

INTERVJUER: (dobacuje) Prijatno i vama! (za sebe) Ostavi me na pola intervjua... Šta sad da radim?

POLITIČKO-BURAZERSKI NERADNIK 2: Je l' treba nešto, burazeru? Evo, mogu ja da pomognem...

INTERVJUER: (obradovano) Aha. A vi pripadate istoj vrsti kao i kolega?

POLITIČKO-BURAZERSKI NERADNIK 2: Pa, na neki način... Samo, kolega je više u Skupštini, a ja sam više na terenu... Nego, čuo sam malo ovo na kraju, pitô si ga da li neko od nas nešto **radi,** i to...

INTERVJUER: Pa jeste, pošto ime **Politički-Burazerski Neradnik** *počinje da mi zvuči sasvim adekvatno...*

POLITIČKO-BURAZERSKI NERADNIK 2: Pa znam, ali ja se, bre, burazeru, ubi' od rada, al' to izgleda niko ne primećuje... Ja ne znam u čemu je tu stvar... Valjda ja mnogo putujem, znaš, pa im nisam pred očima...

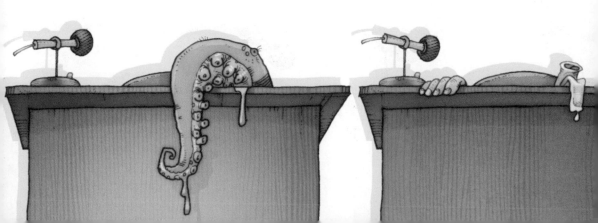

INTERVJUER: A kako putujete? Mislim, poslovno ili privatno?

POLITIČKO-BURAZERSKI NERADNIK 2: Ma poslovno, bre... Evo, baš sam ovih dana stigô iz Kine. Bio sam u pregovorima s jednom ozbiljnom kineskom firmom... Treba da realizujemo nešto, imam jednu strašnu ideju...

INTERVJUER: Je l'? Kakvu ideju?

POLITIČKO-BURAZERSKI NERADNIK 2: Strašnu! Imam ideju da nam oni tamo, mislim Kinezi, **naprave državu!** A? Šta kažeš, burazeru? I to za male pare!

INTERVJUER: Da nam Kinezi naprave državu? Ne znam kako to mislite...

POLITIČKO-BURAZERSKI NERADNIK 2: Pa lepo. Prvo nam uzmu meru ... znaš, kô kad šiješ odelo. Mi im samo kažemo kolika ta država treba da bude, kakva treba da bude, koliko stanovnika da ima i čime bi mi da se bavimo u njoj. I oni ljudi naprave. Pa ajde, ko danas može da napravi nešto brže i povoljnije od Kineza?

INTERVJUER: A kvalitet?

POLITIČKO-BURAZERSKI NERADNIK 2: E, sad ... jebi ga, burazeru... Ti bi hteo i da stisneš i da prdneš... I da bude jeftino i da bude brzo i još da bude kvalitetno, jebi ga... Pa, ne može sve odjednom...

INTERVJUER: Dobro, i kako teku ti pregovori s Kinezima?

POLITIČKO-BURAZERSKI NERADNIK 2: Ma teku dobro, nego su oni, bre, mnogo dosadni kô narod... Uopšte nije radna atmosfera – nema kafane, nema muzike... Sve neki mir, tišina, kô prvi deo književne večeri... Kô da imaš poslovni sastanak s onim njihovim Budom!... Ja umalo da zadremam usred pregovora... Doduše, stalno iznose neke grickalice...

INTERVJUER: Neke njihove specijalitete?

POLITIČKO-BURAZERSKI NERADNIK 2: Pa valjda, jebem li ga... Jedan dan, burazeru, iznеše neke – pečene bubašvabe! Nema ono, kô kod nas na poslovnom sastanku, da ti stave kikiriki ili semenke na sto, uz pivo, pre nego što dođe akupunktura...

INTERVJUER: Izvinjavam se... Šta je akupunktura?

POLITIČKO-BURAZERSKI NERADNIK 2: Kako šta je? Pa sve ono što bodeš na čačkalicu! Razu-meš? Al' to tamo nema! Iznose ti

samo neke bubeškare! Pa ti sad možeš da biraš, burazeru: ako ne jedeš PEČENE bubašvabe, nema problema, oni donesu PRŽENE bubašvabe! A ako ni to ne jedeš, onda donesu SVEŽE bubašvabe, neprskane... Pošto misle da ti ne voliš *termički obrađene!*

INTERVJUER: *Kako ste se vi snašli u toj situaciji?*

POLITIČKO-BURAZERSKI NERADNIK 2: Eh, kako... Ja sam, bre, burazeru, stara džomba! Rekao sam im da sam se veče pre toga, u hotelu, tako najeo bubašvaba da ne mogu da zinem...

INTERVJUER: *A oni?*

POLITIČKO-BURAZERSKI NERADNIK 2: Kažu – onda morate da probate nešto drugo.

INTERVJUER: *I?*

POLITIČKO-BURAZERSKI NERADNIK 2: Šta će, reko', sad da donesu? Ne znam šta da oče-kujem ... ili zunzarina krilca na žaru, ili kolenicu od leptira... Kad, oni iznese neku čorbu od pasulja... Ali unutra, burazeru... Unutra – **poluživ kameleon!**

INTERVJUER: *Poluživ?!*

POLITIČKO-BURAZERSKI NERADNIK 2: Evo, pljuni me ako lažem... Dobro, pazi, bio je na izdisaju ... baš onako ... u ropcu.

Uzrikavile mu se one oči... Valjda bila vrela čorba, otkud znam.

INTERVJUER: *Uh! I, dobro, kakav je to ukus?*

POLITIČKO-BURAZERSKI NERADNIK 2: Ma šta, bre, kakav je ukus? Slušaj, burazeru, posle onih bubašvaba ova čorba s kame-leonom mi došla kô čaj od nane! I, da ti kažem, ima sličan ukus kô naš čorbast pasulj... A ja pasulj mnogo volim, znaš...

INTERVJUER: *Iskren da budem – i ja. Naročito žuti.*

POLITIČKO-BURAZERSKI NERADNIK 2: Ma ljuštim ja, burazeru, i žuti i beli i šareni, ali, evo, to ti je sad prednost kad jedeš pasulj s tim kameleonom: čas je to beli pasulj, čas je žuti, u jednom trenutku je bio i roze... A izgleda da ako malo podvikneš onom gušteru dok je još poluživ, ja mislim da može da bude i šareni!

INTERVJUER: *Dobro, hvala vam na ovom ... poluintervjuu ... Spasli ste me!*

POLITIČKO-BURAZERSKI NERADNIK 2: Ma pusti ti to hvala, burazeru, nego, kad bude trebalo, da ti spaseš nas!... Da lepo glasaš... (malo udaljenije) Je l' ču-ješ?... (iz daljine) 'De pobeže, bre?... (iz još veće daljine) Alo!!!... (iz be-zbedne daljine) Burazeru!

10. Metamorfoza Prinudnog Neradnika

Po sličnoj matrici kao i kod ostalih metamorfoza i **Prinudni Neradnik** (*Arbaitus paradaiz*) imao je osobine svoje vrste kao polazište, a pravac u kome će se menjati bio je sasvim logičan izbor.

Budući da se radi o vrsti koja se bukvalno „provlačila" i kroz život i kroz Nacionalni park SRBIJA, izbegavajući bilo kakav rad, provodeći vreme na prinudnim odmorima, hvatajući sve moguće krivine, **Prinudni Neradnik** je sve vreme išao u jednom jedinom pravcu, prema svom jedinom cilju – prema **penziji**.

Dakle, **Prinudni Neradnik** je svim svojim lenjim srcem želeo da postane **Penzioner**, ali, po mogućstvu, ne baš **Goluždravi**.

Pošto većina **Goluždravih Penzionera** (*Penzos vulgaris*) ide u **zasluženu** penziju na osnovu svog **minulog rada**, a s obzirom na to da ovde imamo **Neradnika** (**Prinudnog** ili ne, svejedno je), tu onda može biti govora samo o **ničim zasluženoj penziji**, odnosno onoj u koju se ide na osnovu **minulog nerada** (→).

Zato je sasvim logično to što se **Prinudni Neradnik** posle metamorfoze (čitaj – odlaska u penziju) pretvorio u specifičnu vrstu penzionera, onu vrstu kojoj smo dali ime **Penzionisani Minuli Neradnik** (*Nulus arbaitus a primos penzos*).

> →**Minuli nerad** – Je l' tako da ovde ništa ne treba objašnjavati?

Nažalost, nemamo kompletan intervju s predstavnikom ove vrste! Činjenica je i to da je naš saradnik koji je zadužen za intervjue napravio KARDINALNU grešku kad je dotičnog **Penzionisanog Minulog Neradnika** upitao da li bi pristao da **URADE** jedan intervju! Sasvim očekivano, ovaj mu je s prezrenjem odgovorio da mu ne pada na pamet da bilo šta URADI, jer bi to bilo u suprotnosti s njegovim osnovnim životnim principom.

Posle kraćeg natezanja, ubeđivanja i cenkanja, ipak je pristao da da jednu kratku (i jedva dovršenu) izjavu, posle čega se toliko umorio da je morao da legne da se odmori. Evo te izjave. Prenosimo je u celosti, a ono u zagradi smo mi dodali.

„Čuo sam ja, kad je jednom pričao neko ko poznaje nekog ro-
đaka od nekog tamo drugog, ko je nekad davno za nekog nešto
radio ... da se, čak i kad se ovde (u Nacionalnom parku SRBIJA)
puno *radi* ... ne živi bogzna kako bolje ... nego kad se ... *ne radi*
... (zadihao se) ... jer količina ... i kvalitet rada ... ovde nikad
nije bila u vezi sa ... količinom para ... i kvalitetom života ...
(crven u licu, koluta očima, već deluje VEOMA umorno) ...
e, sad ... možda se ... nešto ... u međuvremenu i promenilo ...
možda je sad ... drugačije ... mada sumnjam ... ali šta se
to ... mene tiče ... (samo što se nije onesvestio) ja sam ... ionako
... u penziji ... i uživam ... plo ... dove ... svog ... minulog
nerada ... uhh" (Ovde je već klonuo, sasvim iznemogao.)

11. Metamorfoza Goluždravog Penzionera

Goluždravi Penzioner (*Penzos vulgaris*) ostao je ono što je i bio – **penzioner** (po sili zakona) i **goluždrav** (po sili penzije), ali od **Izbornog Udara** naovamo pokazuje veliku sličnost sa **Vidovitom Proročicom** (*Nostradama profiteria*), bar kad se uzmu u obzir njene „vidovnjačke" sposobnosti.

Svi znamo njegove izjave da je *sve on ovo odavno znao i predvideo ... i govorio je on da to ne može na dobro da izađe ...*, tako da bismo slobodno mogli da kažemo da je **Goluždravi Penzioner** zbog svog **velikog životnog iskustva i stečene sposobnost gledanja daleko u budućnost** [što se, inače, kraće rečeno, zove **staračka dalekovidost** (*babusdedus udaljinugledus*)(→)] u međuvremenu postao **Dalekovidoviti Penzioner** (*Penzos nostradamus*).

I neka je postao, pustite ga s milim bogom, samo nek ne smeta i nek se ne vozi gradskim saobraćajem u špicu.

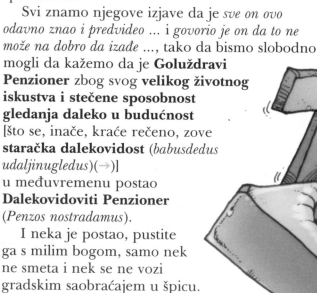

→Staračka dalekovidost
(Babusdedus udaljinugledus)
Pojava koja se po pravilu javlja i kod **Goluždravih**, ali naročito kod **Dalekovidovitih Penzionera**. Paralelno sa slabljenjem čula vida „na blizinu" dolazi do pojačanog „sagledavanja na daljinu", i to svega i svačega, manje unapred, a više unazad u vremenu. Ume da traje unedogled.

INTERVJU s Dalekovidovitim Penzionerom

INTERVJUER: *Evo nam još jednog intervjua, i to sa predstavnikom bivše vrste* **Goluždravi Penzioner** *(Penzos vulgaris), koja se posle sop-stvene metamorfoze zove* **Dalekovido-viti Penzioner** *(Penzos nostradamus). Ankete kažu da tako promenjeni* **Dalekovidoviti Penzioner** *nije osetio neke velike posledice* **POLUSMAKA POLUSVETA**. *Evo nas sada u prilici da čujemo jednog od njih uživo... Dobar dan!!!*

DALEKOVIDOVITI PENZIONER: Dobar dan, sinovac, dobar dan, dobar dan...

INTERVJUER: *Jeste li dobro?*

DALEKOVIDOVITI PENZIONER: Molim?

INTERVJUER: *Kažem, jeste li dobro?*

DALEKOVIDOVITI PENZIONER: Neka, neka, ako si došô... Očekivô sam te ja ... čekaj ... jesi ti trebô da dođeš?

INTERVJUER: *Da, da... JA sam rekao da ću doći. Nego, pitam kako ste. Kako se osećate?*

DALEKOVIDOVITI PENZIONER: Aaa, pa sećam te se! Kako da te se nc sćám?... Ne mogu baš imena da se setim, ali ti si onaj što smo se dogovorili, je l' tako?

INTERVJUER: *Jesam!* (za sebe) *Ovaj intervju će malo da potraje... Ništa sad, šta je tu je... Ahm...* (gla-snije) *Čujete li vi mene?*

DALEKOVIDOVITI PENZIONER: Hehe, miču ti se usta, sinovac. Je l' to žvaćeš žvaku? A? Daj i dedi jednu, valjda neće da mi se zalepi proteza ... hehe...

INTERVJUER: *Nemam žvaku, nego pričam, znate? Usta mi se mrdaju jer pričam...*

DALEKOVIDOVITI PENZIONER: Aha! Može... Možeš da me zoveš čiča, nije problem... Deda, čiča, isto mi se 'vata...

INTERVJUER: *Uhh, sad vidim šta je... Pa vama je ispala slušalica od slušnog aparata... Evo, vratite je u uvo...*

DALEKOVIDOVITI PENZIONER: Auuu, tačno sam ZNAO da mi je ispala slušalica od slušnog aparata!

INTERVJUER: *Je l' sad čujete?*

DALEKOVIDOVITI PENZIONER: Ih, sad sve čujem! ZNAO SAM da ću bolje da čujem s aparatom nego bez njega...

INTERVJUER: *Izvinite, malopre sam morao da vičem...*

DALEKOVIDOVITI PENZIONER: Ništa, ništa, sinovac... Tačno sam ZNAO da nešto nije u redu...

INTERVJUER: *Sve je u redu... E SAD mi kažite da li ste dobro, kako se osećate.*

DALEKOVIDOVITI PENZIONER: Ma ide... Dobro guram ... odlično... Nego, gde treba da ti potpišem...

INTERVJUER: *Aa ... š-ta da mi potpišete?*

DALEKOVIDOVITI PENZIONER: Kako šta? Pa da sam primio penziju...

INTERVJUER: *Penziju? Ovaj... Pa nisam ja doneo nikakvu penziju...*

DALEKOVIDOVITI PENZIONER: Cvrc! Znao sam! Tačno sam ZNAO da će da dođe

taj trenutak kad će da nam ukinu penzije! Svima sam govorio...

INTERVJUER: *Čekajte, gospodine...*

DALEKOVIDOVITI PENZIONER: Pa čekao sam, pa vidiš šta se desilo... Tačno sam ZNAO... Govorio sam ja...

INTERVJUER: *Ali sve je u redu, ništa se nije desilo!*

DALEKOVIDOVITI PENZIONER: Eee, to nije lepo, sinovac... To nije lepo! Uzeše dedi penziju, a ti kažeš – ništa se nije desilo, sve je u redu...

INTERVJUER: *Ne razumete... Ništa se nije desilo s vašom penzijom! Tu je...*

DALEKOVIDOVITI PENZIONER: Pa gde je *tu je*, kad kažeš da je nema?!

INTERVJUER: *Ma, mislim, dobijaćete vi svoju penziju...*

DALEKOVIDOVITI PENZIONER: 'Oću, klinac! To odavno nije više moja penzija, smanjili su je! Više im ne pada na pamet da mi povećaju penziju, ali zato malo-malo, pa mi je smanje! A sad je još i ukinuše... Znao sam! Piii...

INTERVJUER: *Saslušajte me! Ja uopšte ne raznosim penzije!*

DALEKOVIDOVITI PENZIONER: Uopšte ne raznosiš penzije?

INTERVJUER: *Ne!*

DALEKOVIDOVITI PENZIONER: Pa normalno da ne raznosiš penzije kad vidiš da su ukinuli penzije! Shvatio sam ja. Aman, sinovac, ja ako sam gluv, ja nisam glup!

INTERVJUER: *Nisam to hteo da kažem!!!*

DALEKOVIDOVITI PENZIONER: Pa šta si hteo da kažeš?! Ajde, kaži više!

INTERVJUER: Ja uopšte ne radim u pošti!

DALEKOVIDOVITI PENZIONER: Ne radiš? Opa, znači sad su počeli da nam šalju vas nezaposlene da nam saopštavate ružne vesti... ZNAO sam ja da su to kukavice, ali nisam znao da su tolike... Govorio sam ja da će doći ovaj trenutak...

INTERVJUER: Ama, gospodine... Ja sam samo došao da vam postavim nekoliko pitanja...

DALEKOVIDOVITI PENZIONER: Anketa, je l'? ZNAO sam! Tačno sam znao! Sad kad su nam ukinuli penzije, sad mi šalju tebe da praviš anketu, da me pitaš da li mi smeta što su mi ukinuli penziju, a ja treba da kažem – ma jok, ne smeta, šta će nama penzija, mi smo stari, važno je da ste vi mladi živi i zdravi, samo da ne bude gore, za nas starije nije ni važno...

INTERVJUER: (veoma dubok uzdah) Znate šta?

DALEKOVIDOVITI PENZIONER: Šta?... Slobodno kaži, sinovac. Da ne treba i da vratim neke pare?

INTERVJUER: Ne, imam jako dobru vest! Ipak sam vam doneo penziju...

DALEKOVIDOVITI PENZIONER: Eto ti sad!

INTERVJUER: Malo sam se šalio da ja to ne radim, a u stvari ipak radim... Nemojte mi zameriti, evo, isplaćujem vam penziju...

DALEKOVIDOVITI PENZIONER: ZNAO sam! Tačno sam znao da si iz pošte!

INTERVJUER: Evo ... i još pet... Je l' ovo dosta?

DALEKOVIDOVITI PENZIONER: 20, 25, 30... Previše si mi dao... Čekaj da ti vratim...

INTERVJUER: Nema veze, zadržite... Samo mi potpišite ovde...

DALEKOVIDOVITI PENZIONER: Gde? Ovde, na ovaj papirić? Otkad to tako?

INTERVJUER: Nema veze, zaboravio sam onu svesku... Samo vi potpišite i ne treba da mi vraćate ništa...

DALEKOVIDOVITI PENZIONER: Ma to ne dolazi u obzir. Znam ja da oni tebi tamo broje svaku paru... Posle će da mi traže da vratim!

INTERVJUER: Ne morate da vraćate! Dobili ste veću penziju za ovaj mesec...

DALEKOVIDOVITI PENZIONER: Opa! ZNAO sam! Mada nije pisalo u novinama...

INTERVJUER: Pisalo je, niste videli...

DALEKOVIDOVITI PENZIONER: Nije pisalo,

sigurno... Ja uzmem sve novine od ove moje iz kioska i sve pročitam... Ili kad neko baci, ja uzmem i...

INTERVJUER: *Dobro, nije pisalo u novinama, ali PISAĆE!*

DALEKOVIDOVITI PENZIONER: U kojim?

INTERVJUER: *Ne znam, ali pisaće sigurno... Ako smo sad završili s penzijom...*

DALEKOVIDOVITI PENZIONER: Kad reče penzija... Pošto sam dobio povećanje, moram ODMAH da idem da uplatim stru- ju, vodu, telefon i TV pretplatu, a ostaće i za onu nagradnu igru... Znaš da sam dobio nagradu?

INTERVJUER: *Aa ... kakvu nagradu?*

DALEKOVIDOVITI PENZIONER: Tačno sam ZNAO da ću da dobijem! Evo vidi šta su mi poslali: DA, GOSPODINE, VI STE DOBITNIK ŠEST MILIONA DINARA U NAŠOJ NAGRADNOJ IGRI... ČESTITAMO! Baš su pristojni...

INTERVJUER: *Redovno igrate nagradne igre?*

DALEKOVIDOVITI PENZIONER: Ne igram nikad! Ponekad LOTO...

INTERVJUER: *Pa kako ste onda dobili šest miliona dinara?*

DALEKOVIDOVITI PENZIONER: Nemam pojma, mora da su me izvukli negde, pa sam dobio...

INTERVJUER: *Čekajte... Vi NISTE igrali, a oni kažu da ste dobili šest miliona dinara?*

DALEKOVIDOVITI PENZIONER: Pa da... Što?

INTERVJUER: *To je nemoguće, gospodine...*

DALEKOVIDOVITI PENZIONER: Nije nemoguće, tačno sam ZNAO da ću da dobijem, samo sad moram da odem da uplatim te četiri hiljade dinara da bi mi poslali nagradu...

INTERVJUER: *Da uplatite četiri hiljade dinara?! Za šta?!*

DALEKOVIDOVITI PENZIONER: Ne znam, tamo piše da su to neki troškovi da bi mogli da mi uplate te moje pare od nagrade, pa imaju ne znam šta tamo ... od troškova... Ali to je to...

INTERVJUER: *Nećete valjda tamo nekome uplatiti četiri hiljade dinara NI ZA ŠTA?*

DALEKOVIDOVITI PENZIONER: Kakvi ni za šta... Eeee, raspitô sam se ja... Za te četiri hiljade dobijam DVE znaš kakve knjige od po hijadu i po dinara i još tamo neki kupon za onu hiljadu... A s njim mogu svašta, ako me posle izvuku... A tačno ZNAM da će da me izvuku...

INTERVJUER: Uhhh... Ne mogu da verujem da ste tako naivni...

DALEKOVIDOVITI PENZIONER: Ko naivan? E, slušaj ti, dečko... Vodi ti računa šta pričaš... Tako mi je i moj sin govorio kad je bio onaj Zajam za Nacionalni park SRBIJU... Kaže, tata, ti si naivan, ne daj im te pare, to ne ide za Nacionalni park, nego za njihove džepove...

INTERVJUER: Pa dobro vam je rekao sin...

DALEKOVIDOVITI PENZIONER: Ma šta mi je dobro rekao?! Uvredio me grdno! Ja sam mislio da je on patriota, da voli svoju zemlju... A njemu bilo žao što ja dajem tričave tri penzije za moju otadžbinu! Šta su tri penzije za tako nešto! More, znaš kako sam se bio naljutio na njega...

INTERVJUER: Ja bih vam isto to rekao...

DALEKOVIDOVITI PENZIONER: Eto vidiš... Ja sam uvek govorio da vi mladi ne znate šta su prave vrednosti, da mislite da sve što leti to se jede...

INTERVJUER: Jao, nemojte, molim vas. Sad zvučite kao moj otac kad sam ga svojevremeno nagovarao da podigne pare s devizne knjižice, pa nije hteo. Pa mu ti isti koji su raspisali Zajam uzeše svu ušteđevinu, sve što je u životu zaradio i čuvao...

DALEKOVIDOVITI PENZIONER: Au, bre, tačno sam ZNAO da si u stanju da tako razgovaraš s ocem... Znaš šta, ne mogu više da pričam s tobom. Moram da idem u poštu i posle imam neke obaveze...

INTERVJUER: Dobro, izvinjavam se, malo sam se zaneo...

DALEKOVIDOVITI PENZIONER: To je sve od tih kompjutera! Govorio sam ja da to sa tim kompjuterima neće da izađe na dobro... Tačno sam ZNAO kako će ovde da bude... Ali niko ne sluša, pa to ti je!

INTERVJUER: Dobro, mislim, žao mi je... Ja sam imao želju da vam postavim par pitanja koja se tiču...

DALEKOVIDOVITI PENZIONER: Nemam ja sad vremena za to! Moram u poštu, a treba posle da mi dođe i jedan FINI mladić. Dogovorili smo se da mu dam neki intervju!

INTERVJUER: Pa JA sam taj mladić!!! Sa mnom ste se dogovorili!

DALEKOVIDOVITI PENZIONER: Ej, sinovac... Ajde, nemoj da se glupiraš, da se pretvaraš da si nešto što nisi, nego idi podeli te penzije, čekaju te ljudi. Možda je još neko dobio na nekoj nagradnoj igri, pa treba da uplati, a nema odakle! Ajde!

12. Metamorfoza Vidovite Proročice

NOSTRADAMA PODRIGARIA

ako smo je smestili pred kraj, **Vidovita Proročica** (*Nostradama profiteria*) bila je **prva** koja je počela sa preuzimanjem obličja i osobina drugih vrsta odmah posle **Izbornog Udara**, jer je među prvima shvatila da se nešto bitno menja i da u vremenu koje dolazi to što ona radi možda neće biti **baš toliko** popularno kao do tada. Osim toga, pošto nije na vreme predskazala nadolazak **POLUSMAKA POLUSVETA**, mnoge od najuticajnijih vrsta pretrpele su nenadoknadive gubitke.

Uplašena za svoju sudbinu, koju baš *nikako* nije mogla da predvidi pomoću kristalne kugle, karata, šljunka, pasulja, plećki, pepela i osušene kravlje balege (a nije da nije pokušavala), **Vidovita Proročica** je rešila da se spase tako što će se pod hitno pretvoriti u nešto drugo, nešto u čemu će se prirodno i dobro osećati, gde je njeni neprijatelji neće ni brzo ni lako pronaći, u nešto što je dovoljno žilavo i otporno da preživi i opstane i u najgorim uslovima, a da posle s lakoćom nastavi da produžava vrstu, šta god se događalo, u samom Parku, a i šire.

Sledstveno tome, na vrhu njenog **najužeg izbora metamorfoza** (→) našao se apsolutno neuništivi – **Gradski Seljak** (*Prostacus urbanus*).

Ruku na srce, **Vidovita Proročica** je i prethodnih godina imala najbolju komunikaciju s **Gradskim Seljakom**. Davno prorekavši da će jednog dana, pre svega zahvaljujući nepreglednoj armiji nadolazećih **Gradskih Seljaka**, civilizovan život u Nacionalnom parku SRBIJA **potonuti do tih** *dubina* **do kojih je zaista i potonuo**, sada je rešila da se njihove dve vrste u potpunosti približe.

Tako je došao na svet jedan novi kvalitet – **Vidovita Gradska Seljančura** (*Nostradama podrigaria*), visokootporni mutant sa svim „raskošnim" osobinama **Vidovite Proročice** i **Gradskog Seljaka** skupljenim na jednom mestu!

Zanimljivo, od trenutka kada se proces metamorfoze završio, sve je izgledalo tako prirodno da niko nije ni primetio da se bilo šta promenilo!

Time je konačno krug **Retrogradno-cirkularnih metamorfoza** bio zatvoren!

→Najuži izbor metamorfoza Vidovite Proročice

Poučena sopstvenim lošim iskustvom i iskustvom drugih vrsta postradalih neposredno posle **Izbornog Udara**, **Vidovita Proročica** nije smela sebi da dozvoli da bespotrebno reskira, pretvarajući se u samo jednu vrstu. Zato je i napravila **najuži izbor metamorfoza**, sastavljen od nekih sasvim drugih vrsta s kojima se pospajala u neke sasvim treće vrste. Videli smo ko je na vrhu **najužeg izbora**, a evo sada i ostalih koji su se tu našli:

- Vidovita Proročica + Pokvareni Političar = **Vidoviti Izborni Pobednik**
  (*osobine: „vidi" prljav veš političkog protivnika, „vidi" da će biti bolje*)
- Vidovita Proročica + Domaći Kriminalac = **Vidoviti Pa-ga-teško-uloviti**
  (*osobine: „vidi" patrolu, „vidi" sačekušu*)
- Vidovita Proročica + Podmitljivi Lekar = **Vidoviti Nadrilekar**
  (*osobine: ništa ne izleči, ali uzme pare; „vidi", tj. prepoznaje „pacijente"*)
- Vidovita Proročica + Pseudosveštenik = **Vidoviti Populizam**
  (*osobine: „viđen" kao budućnost pop-kulture; „vidi se" da voli mlade*).

VIDOVITI IZBORNI POBEDNIK

VIDOVITI PA-GA-TEŠKO-ULOVITI

VIDOVITI NADRILEKAR

VIDOVITI POPULIZAM

13. Smradovi
(i dalje ne mirišu na dobro)

U ovom segmentu se, po svemu sudeći, ništa nije promenilo. **Smradovi** su tu gde su i bili. I dalje se njihovo prisustvo JAKO oseća. Opstali su. Postaje sve očiglednije da **tu nešto smrdi odranije** (→).

Samo veliki stručnjaci (Smradolozi) mogli bi da ustanove na osnovu detaljnih istraživanja da li je od **POLUSMAKA POLUSVETA** naovamo došlo do nekog pomaka u intenzitetu smrada ili do neke eventualne **smradne metamorfoze**, ali i ti stručnjaci imaju dušu, pa su nas najlepše zamolili da ih ne šaljemo u takvo istraživanje, ako boga znamo!

ZLOUPOTREBLJIVI INTELEKTUALAC I reda
(Smradus academicus)

ZLOUPOTREBLJIVI INTELEKTUALAC II reda
(Smradus intelectualis)

PSEUDOSVEŠTENIK
(Smradus ateistus)

KAPARISANI UMETNIK
(Smradus artistus)

→Tu nešto smrdi odranije

Iz nekih razloga mi, izgleda, ostadosmo
večito okruženi nekakvim smradovima.
Da se razumemo, smradova je uvek
i u svakom ćošku ovog sveta bilo i uvek
će ih i svuda biti, ali je samo pitanje kad će
nama, stanovnicima **Nacionalnog parka
SRBIJA** i hroničnim konzumentima
svakojakog smrada, postati jasno da kad
se nešto toliko gadno i toliko dugo oseća,
onda mora biti da je to veoma davno
i počelo da se kvari.

**POSLUŠNI
SUDIJA**
(Smradus
arbitaris)

**PRISTRASNI
NOVINAR**
(Smradus
informatio)

**KORISTOLJUBIVI
HUMANISTA**
(Smradus
humanus)

**NESTRUČNI
STRUČNJAK**
(Smradus
expertus)

14. Metamorfoza Zapostavljenog Građanina

Iako smo rekli da je pretvaranjem **Vidovite Proročice** u **Vidovitu Grad-sku Seljančuru** (ali i u niz drugih vrsta) krug **Retrogradnih metamor-foza** bio zatvoren, ostala je nepomenuta još jedna vrsta, koja, istini za volju, nikad nije pripadala nijednom bitnom krugu u Nacionalnom parku SRBIJA. To je **Zapostavljeni Građanin** (*Trinaestus prasus*).

Zašto on ranije nigde nije pripadao razumljivo je već i iz njegovog imena, kako zvaničnog tako i šarlatinskog. Neko s takvim imenom može biti samo skrajnut, sklonjen, ostavljen izvan bilo kakvog kruga, ali zato kinjen, maltretiran i ponižavan od svih ostalih **endemskih vrsta** kad god bi se neka od njih setila da on uopšte postoji, ili ako bi im se (slučajno ili namerno) našao na putu. E, sve to i još mnogo štošta se godinama i događalo **Zapostavljenom Građaninu**.

A onda se dogodio **Izborni Udar** i sve se preko noći promenilo!

Mesto koje je **Zapostavljeni Građanin** u međuvremanu zauzeo speci-fično je bar koliko i ono prethodno, zapostavljeno, ali sada na sasvim drugačiji način.

Uostalom, sve što se dogodilo sa **Zapostavljenim Građaninom** tokom perioda koji se poklapa s **POLUSMAKOM POLUSVETA** zaslužuje po-sebnu, gotovo revijalnu najavu, pa ćemo vam je i priuštiti...

Dakle, dozvolite da vam predstavimo poslednju metamorfozu, koja je i više od toga, jer predstavlja...

POVRATAK ZAPOSTAVLJENOG GRAĐANINA!

THE RETURN OF THE NEGLECTED CITIZEN!

Ono za šta ste mislili da se ne može dogoditi – dogodilo se!

Onaj za koga ste mislili da se nikada ne može osloboditi zapostavljenosti – oslobodio se!

Onda kad je izgledalo da je zauvek skrajnut i da više NIKADA ne može biti u centru pažnje i događanja u Nacionalnom parku SRBIJA, on se vratio i to na takav način da više ništa važno u Parku neće biti ni zamislivo ni izvodljivo bez njega!

Posle mnogo vremena on je u centru pažnje, ponovo svi gledaju u njega, ponovo je tražen, ponovo od njega nešto zavisi.

On više definitivno nije zapostavljen. To je sada već sasvim izvesno.

Do te mere je postao bitan da je čak i njegovo dosadašnje ime dovedeno u pitanje.

On se više jednostavno NE MOŽE zvati kao pre.

Njegovo novo ime mora biti odraz njegove nove uloge u Nacionalnom parku SRBIJA, uloge koja po svojoj važnosti prevazilazi čak i uloge nekih najuticajnijih vrsta!

Dakle, ovo dosadašnje ime mu se zvanično i jednoglasno poništava...

~~Zapostavljeni Građanin~~
~~(Trimaestus prasus)~~

A odsad će ga on, vala majci, biti...

Vaspostavljeni Plaćanin

(Razbienus kasicus prasicus)

Pismo opkoljenog i zarobljenog u centru kruga *Retrogradno-cirkularnih metamorfoza*

Poštovani gospodine,

Moram da Vam se izvinim što juče nisam uspeo da dođem na zakazani sastanak zbog intervjua, ali verujte da nisam uspeo! Ono što mi se u toku jučerašnjeg dana izdešavalo moglo bi da stane u roman...

Pošto mi je juče ujutru supruga rekla da joj treba auto jer popodne mora da stigne na roditeljski naše ćerke, morao sam da krenem u grad prevozom. To i ne bi bio toliki problem da skoro sve ulice kojima tramvaj ide prema gradu nisu raskopane i tako ostavljene već tri meseca, pa je gradski saobraćaj pod posebnim režimom, što znači – u kolapsu!

Osim toga, nisam baš bio oduševljen što ću ići prevozom jer sam sa sobom nosio praktično sve pare koje smo imali u kući, pošto je trebalo da platim gomilu računa: struju, vodu, grejanje, telefon, zatim porez, pa ratu kredita za stan, ratu kredita za letovanje, rate za frižider i bojler, minus na kartici, TV pretplatu, pretplatu za kablovsku televiziju (uzgred, već neko vreme imam čudan osećaj da živim samo da bih plaćao).

Čitavo pre podne proveo sam u redu ispred šaltera u opštinskom sudu radi overe nekog dokumenta. Priznajem, moja je krivica što sam zaključio da će mi za to biti dovoljno dva sata, ali deo odgovornosti nosi i jedna neshvatljivo neuviđavna i neprijatna šalterska službenica koja nije smatrala da treba da prekine telefonski razgovor sa svojom prijateljicom da bi uslužila nas petnaestak koji smo čekali u redu. Kad su neki

iz reda počeli da se komešaju, jer je između dva telefonska razgovora počela da jede burek i pije jogurt, samo na trenutak se pridigla i, bez ikakvog komentara, masnim rukama zalepila na šaltersko staklo papir na kojem je flomasterom bilo napisano PAO SISTEM.

Naravno, svi su drugi šalteri bili zatvoreni.

Šta da Vam kažem?... Dotična je, posle nekoliko telefonskih razgovora isprekidanih doručkom, iznenada dobila potrebu i za kafom i ratlukom. Kad je i to popila i pojela, neko je vreme temeljno čačkala zube, razgovarajući s nekim ko je sedeo iza nje, a ko neverovatno liči na Vas (bar prema slici sa korica vaše prethodne knjige), a sve to dok je nas osamnaest (u međuvremenu se priključilo još troje) i dalje nepomično čekalo u tom klaustrofobičnom redu.

Trebalo je da jednom čoveku ispred mene pozli da bi se ona smilovala i pozvala ga da priđe preko reda. Međutim, izgleda da se nisu dobro sporazumeli, jer to što su jedno drugom, vrlo povišenim glasom, rekli u narednih pet minuta, ja se ne bih usudio da ponovim. Na kraju nas je ona sve oterala od šaltera i otišla na pauzu, uz dodatnu gomilu uvredljivih reči.

Pošto sam ja juče naprosto morao da overim taj nesrećni dokument, otišao sam pravo u drugi sud gde sam, posle još jedne, ovog puta uspešne seanse čekanja u redu za overavanje, stao u nešto kraći red ispred blagajne da platim taksu za overu dokumenta.

Plan mi je bio da se odmah posle toga, ne časeći časa, uputim na dogovoreni sastanak s Vama.

Ali, avaj, taman kad sam došao na red pred blagajnom, ispred mene se, pozivajući se na starost, bolest i zasluge u Drugom svetskom ratu,

bukvalno ugurao jedan penzioner i počeo od blagajnice histerično da traži nazad neki veliki novac koji je dan ranije uplatio kako bi, valjda, mogao da podigne dobitak na nekoj tamo nagradnoj igri (nisam ni ja razumeo najbolje), pa se, pošto se ubrzo ustanovilo da je gotovo potpuno gluv, dobrih petnaest minuta nadvikivao s tom blagajnicom, mašući joj ispred nosa nekim dvema knjigama i okrećući se svako malo da objasni nama ostalima da je on tačno znao da je sve to prevara i da je on to odavno govorio, ali da ga niko nije slušao...

A onda je u trenutku prebledeo i prekinuo tiradu jer je morao pod hitno do toaleta, pa sam ja iskoristio trenutak, platio tu svoju taksu, a zatim kao oparen istrčao iz suda kako bih stigao na sastanak s Vama! Ali – izgleda da mi juče nije bilo suđeno da dam taj intervju...

Pošto sam jedino mogao da stignem taksijem, zamolio sam taksistu da idemo najkraćim putem do mesta gde je trebalo da se Vi i ja nađemo, ali pošto je najkraći put vodio pored groblja, odjednom smo upali u neopisivu saobraćajnu gužvu, sastavljenu od ogromnog broja ogromnih džipova sa ogromnim krstovima na (standardnim) retrovizorima.

Bila je to zaista neverovatno velika količina džipova koji su bili parkirani svuda – po travnjacima, po trotoarima, pa i po čitavoj dužini i širini ulice. Kao da se održavao „Godišnji kongres vlasnika džipova". A sama ulica ispred ulaza u groblje vrvela je od nervoznih, kratko ošišanih momaka sa zlatnim lancima oko vrata i (verovatno njihovih) pocrnelih, doteranih devojaka s dubokim dekolteima i u majušnim mini suknjama (biće da su svi oni došli tim džipovima). I svi su nosili neshvatljivo velike vence, očigledno povodom sahrane nekog bliskog prijatelja ili bliskog rođaka (čini mi se, brata).

Izgledalo je da će njihov defile još dugo da potraje, jer su iza nas i dalje pristizali i nastavili da se gomilaju novi ogromni džipovi, sa još ošišanijim momcima i još preplanulijim devojkama u još kraćim suknjama, a s njima venci takve veličine i težine da su sad već s teškom mukom morala da ih nose po dvojica.

Nisam imao izbora, osim da izađem iz taksija i nastavim peške. Prethodno mi je taksista naplatio ne samo ono što me je vozio, već i buduće čekanje, pošto je predvideo da će u toj gužvi ostati bar još dva sata. Platio sam, šta da radim, jer nisam imao vremena ni nerava da se s njim ubeđujem.

Ne znam da li sam prešao sto metara kroz tu šumu džipova, ali sam sasvim siguran da sam išao trotoarom, kad sam tik iza sebe začuo automobil i, ne stigavši ni da se okrenem ili bar pomerim u stranu, osetio udarac koji me je odbacio nekoliko metara, posle čega sam pao nasred travnjaka, tačno između dva džipa.

Šokiran i ošamućen, pokušao sam da se pridignem i skoro da sam u tome i uspeo, kad sam začuo nervozno otvaranje i zatvaranje automobilskih vrata iz pravca iz kog sam doleteo, a zatim i drečavi ženski glas koji mi se približavao, vičući i psujući na sav glas.

I dalje pod utiskom udarca i leta kroz vazduh, u početku nisam mogao da razaberem kome to ona i o čemu govori, ali sam vrlo brzo shvatio da je ta gospođica, ili gospođa, sa purpurnom frizurom (gotovo sam siguran da je to neka veoma popularna zvezda na „estradnom nebu") panično tražila mesto za parking jer je žurila na sahranu, dok ja tu, kako je rekla, mrsim ... određene delove tela, razvlačeći se po trotoaru i ne dozvoljavajući joj da se dovoljno zaleti, pa je morala da bira ili da zakači mene, ili banderu. U tom drugom slučaju oštetila bi branik džipa vredan, kako reče, 500 €...

U međuvremenu sam sasvim ustao i pokušao da se izvinim, ali je ona tek tad pohisterisala jer je ustanovila da sam joj prilikom udarca ramenom polomio bočni retrovizor, vredan najmanje 100 €. Pošto

nisam imao ni vremena ni volje da slušam sve te psovke i pretnje, izvadio sam novac iz novčanika i dao joj, a ona ga je dvaput prebrojala i rekla da je to jedva dovoljno, ali da će mi ipak progledati kroz prste i oprostiti, pošto je „...hrišćaninka, a i ide na sahranu".

Još jednom sam joj se izvinio, a onda sam odšepao do najbliže taksi stanice.

Prva dvojica taksista nisu htela ni da čuju da me prime u vozilo, jer sam bio malo krvav, ali dosta prašnjav i iscepan, a naredna trojica nisu želela da voze na tako kratkoj relaciji, jer im se ne isplati.

Pitao sam jedinog preostalog taksistu, nateran sve jačim bolovima u nozi i ramenu, da mi kaže za koliko bi se njemu isplatilo da me preveze tih kilometar i po do Urgentnog centra, a on me je jednim pogledom odmerio od raskrvavljene glave do povređene pete, a onda coknuo, pljucnuo, podrignuo i izgovorio cifru od koje mi se dodatno zavrtelo u glavi.

Nisam imao izbora.

Seo sam u njegov taksi i pet minuta kasnije bio na parkingu ispred neke bolnice u kojoj nikad ranije nisam bio. Upitao sam taksistu zašto me je dovezao tu kad sam hteo u Urgentni centar, i da li to ima neke veze s telefonskim razgovorom koji je obavio usput, a on je samo promrmljao nešto tipa „to ti je sve isto", a kad sam platio i

izašao, čuo sam kroz otvoren prozor da je, dok je okretao auto, nekom rekao „samo ti zapiši da sam ja još jednog doveo, pa ćemo sve zajedno prebiti..." i otišao uz škripu guma.

Ušao sam u zgradu šepajući i pošao prema prijemnom šalteru, razmišljajući sa nelagodom o tom „prebijanju", ali me je zaustavila čistačica, ljutito dovikujući s pola hodnika da joj ne gazim tako prašnjav i krvav po čistom podu, jer „samo što ga je obrisala, a ne može ona da briše za svakim ko prođe..."

Hteo sam da je pitam kako onda da stignem do šaltera, ali već je gunđajući bila ušla u muški toalet.

Sestra na šalteru je bila veoma mlada i žvakala je žvaku dok sam joj objašnjavao šta mi se desilo, ali nisam baš najbolje razumeo šta mi je posle rekla. Čini mi se, ipak, da je pomenula bolničara i kolica.

Okrenuo sam se, s namerom da sednem i pričekam, ali mladi bolničar, takođe sa žvakom, već je stigao. Sestra mu je nešto rekla, pokazavši glavom na mene, oboje su naduvali balone i raspukli ih, a onda se onako dečje nasmejali.

Dečko me je malo prebrzo dovezao do jedne od ordinacija i ostavio unutra, na onim kolicima. Ostao sam da sedim i čekam.

Ubrzo se pojavio doktor.

Klimnuo je glavom umesto pozdrava, pokazao da se skinem do pola i odmah počeo da me pregleda stetoskopom ne rekavši ni reč, ne postavivši mi nijedno pitanje. Učinilo mi se čak da je bio malo razočaran kad je prokomentarisao da sam samo lakše povređen i da su sve to samo ogrebotine. Potom mi je pokazao da se obučem, a za to vreme je pozvao nekoga mobilnim i rekao mu, s pola glasa: „Lažna uzbuna, objekat živahan", a potom prekinuo vezu.

Kad sam se obukao, pitao me je da li imam knjižicu, a ja sam rekao da nemam. Na to se nakašljao i rekao mi da ću u tom slučaju morati da platim 50 € za pregled, i to odmah. Rekao sam da ne znam da li kod sebe imam toliko, a on me je pitao koliko imam. Pronašavši u džepu 20 €, pružio sam mu, a on je brzo uzeo novčanicu, strpao je u džep i rekao da se svaki privatni pregled plaća. Interesantno, jer ja uopšte nisam imao utisak da se nalazim u privatnoj ordinaciji, a, s druge strane, ako je on privatnik, zašto mi traži knjižicu?

Nisam imao vremena da ga to pitam jer je on već bio pozvao sestru, rekao joj da mi ispere i previje ogrebotine i ispratio me s rečima da se odmaram i pijem puno tečnosti, pa će sve biti u redu.

Trebalo mi je dvadeset minuta šepanja do tramvajske stanice i još dvadeset minuta vožnje do kuće. Jedva sam čekao da legnem. Već je i glava počela da me boli, valjda od stresa, a i zbog griže savesti što sam Vas ostavio da me uzalud čekate. Da ste mi bar ostavili broj telefona...

Svoju višespratnicu bih uvek mogao da nađem i zatvorenih očiju jer me je do nje uvek dovodio zvuk, i to jedan isti

– besomučno turkoidno arla-
ukanje s devetog sprata, kroz
širom otvoren prozor komšije
Džiberovića. Stigavši konačno
do zgrade i jedva se provukavši
pored njegove narandžaste lade
parkirane tik uz ulaz, gurnuo
sam ključ u bravu i tada shvatio
da su vrata zaglavljena nekom
šipkom iznutra. Bilo je nemogu-
će ući dok neko sa unutrašnje
strane ne ukloni šipku. Zaklju-
čio sam da je to sigurno još
jedna Džiberovićeva doseta
i zapitao se, pritiskajući prljavo
dugme kraj njegovog prezimena
na interfonu, kako to da ni
posle dvadeset godina života
u soliteru neki ljudi ne mogu,
ili prosto ne bi, da se odreknu
nekih svojih ruralnih navika.

Džiberović se tek posle mog
petog pokušaja javio, ali tako
da sam gotovo odskočio od
interfona jer je iz zvučnika
arlauknulo nešto uz pratnju
zurli. Bila je to ista ona melo-
dija koja se mogla čuti i na
ulici, dvesta metara dalje!
Međutim, čak i kroz tu buku
sam mogao da čujem njegovo
iskašljavanje i pročišćavanje
grla, a odmah potom i jedno
preglasno: „Aloo!!! Ko je, bre,
too?!" Predstavio sam se i za-
molio ga da siđe i skloni šipku,
a on nije rekao ništa, već je
samo još jednom pročistio grlo,
pljunuo tamo negde pored
i spustio slušalicu.

Petnaest minuta kasnije sve-
tlo u hodniku se upalilo i ugle-
dao sam Džiberovića kako izlazi
iz lifta i onako debeo prilazi vra-
tima gegajući se. Bio je u prlja-
vobeloj majici s bretelama, ma-
snim pantalonama i s pilećom
koskom među zubima umesto
čačkalice. Pomislih da ga ja
u stvari nikada nisam ni video
drugačije obučenog.

U ruci je nosio nekakvu
plastičnu kanticu.

Taman kad sam pripremio
osmeh izvinjenja što sam ga
deranžirao da siđe da mi otvori,
on promeni pravac i umesto
da nastavi pravo prema vratima
iza kojih sam bio ja, ostade
u proširenom delu hodnika, koji
je još pre nekoliko meseci na
svoju ruku ogradio i tu napra-
vio omanji živinarnik.

Pošto je sada u hodniku bilo
više svetla, mogao sam i ja da
gledam u to u šta je on gledao:
desetak kokošaka i jedan petao
čeprkali su po izvesnoj količini
sveže donesene kravlje balege,
usred ulaza u soliter, gde im
je njihov sadašnji negovatelj
(a budući dželat?) omogućio da
neometano rastu i napreduju.

Vratio sam pogled na komši-
ju... Posmatrao je živinu s tako
dubokom emocijom kao da im je
rođeni otac, i isto tako nežno im
je bacio jednu šaku kukuruza,
vadeći ga iz one kantice.

Ko zna koliko bi on još stajao
tamo da ja diskretno ne kucnuh
u staklo. Kao probuđen iz sna
nevoljno je okrenuo glavu pre-
ma meni i, bez obzira na to što
ga je dočekao moj izvinjavajući
osmeh, namrgodio se. Zatim je

spustio kanticu na pod, prišao i sklonio šipku da bih mogao da uđem.

Još jednom sam ga pozdravio i sasvim blago upitao zašto tako zaglavljuje vrata, a on mi je odbrusio da će tek da ih zaglavljuje jer je pre neki dan jedan dripac pokušao da mu ukrade petla. Srećom, on je kroz hodnik čuo lepet krila, kukurikanje praćeno kokodakanjem, pa je strčao i pojurio lopova, spreman da ga stigne po svaku cenu. No, lopov je to verovatno predosetio, pa je pustio petla posle dvesta metara bežanja. Otad je, priča mi on, petao nekako utučen i neće da kukuriče.

Nije da nisam imao želju da čujem u kojoj meri se petao u međuvremenu oporavio, ali sam stvarno i sam bio umoran, izmaltretiran i udaren kolima, pa sam pošao prema liftu upitavši komšiju da li ide sa mnom. Rekao je da mu ne pada na pamet jer mora prvo *njih* da nahrani... Tu je glavom pokazao prema kokama i petlu, poprimajući ponovo onaj roditeljski izraz.

U trenutku kada sam zatvarao vrata lifta čuo sam kako im baca kukuruz i tiho počinje, a onda sve glasnije nastavlja da peva jednu od onih turkoidnih pesama, koja se prethodnih dana iz njegovog stana najčešće čula.

Ušao sam u stan, umio se i potpuno izmožden seo na fotelju u dnevnoj sobi, nemajući snage ni da skinem onu poce-

panu i prljavu odeću. Morao sam bar malo da se „spustim", pa sam upalio TV i počeo da menjam kanale.

Na jednom je bila vest o nemogućnosti da se održi sednica Skupštine, jer nije bilo kvoruma... Zar opet? (klik) Neko od političara je pričao o svojim uspesima u pregovorima s Kinom i o nekim bubama ... valjda svilenim... Nisam mogao to ni da slušam ni da gledam... (klik) A ovde je upravo išla reklama za neku od banaka... E, tek tad sam se setio da ništa od onoga što je trebalo da platim nisam platio... Ni struju, ni vodu, ni grejanje, ni telefon, ni porez, ni rate svih onih kredita, ni minus na kartici, ni TV pretplatu, ni pretplatu za

kablovsku televiziju... Ponovo sam pomislio kako u poslednje vreme ništa drugo i ne radim nego samo nešto plaćam i plaćam... Ne znam samo dokle... (klik) Evo i priloga o onoj današnjoj sahrani, zbog koje je bilo blokirano pola grada... Ubili nekog Kašikaru, pa mu na sahranu došlo neverovatno mnogo sveta... Hm, pre će biti POLUSVETA, bar po onome što sam ja video tamo... (klik) Prilog o stranim investicijama... (klik) O pranju para... (klik) Ovde pričaju o tajkunima... (klik) Ovde još traje meksičko-kolumbijsko-venecuelska serija, 1490. nastavak... (klik) Auu, otkad opet rade ove proročice?... Mislio sam da toga više nema! Aha, sad se zovu „astrolozi"... (klik)...

Usred tog pretrčavanja po kanalima zazvonio mi je telefon. Bila je to moja žena, za koju sam mislio da je još na roditeljskom. Ne, bila je, vratila se, ostavila kola na parkingu i svratila u obližnju prodavnicu da nešto kupi nama i svojim roditeljima, koji inače žive blizu nas, pa se od njih i javlja.

Ispričala mi je ukratko i šta je bilo na roditeljskom: da je ćerkina nova razredna malo čudna, da im je gotovo sve vreme pričala o tome kako mora da vodi decu na ekskurziju u Pariz, koliko to traje i koliko košta. O učenju i uspehu naše ćerke i druge dece nije rekla skoro ništa...

Nisam hteo da joj pričam preko telefona šta mi se sve izdešavalo, nego sam je pitao kada dolazi kući. Za sat, reče.

Nisam čestito ni spustio slušalicu, kad interfon zazvoni. Policija! Tu su, ispred kuće, traže da siđem na parking... Ni ne pokušavam da shvatim zašto...

Odmah sam se spremio i, za svaki slučaj, poneo dokumenta i novčanik...

A dole, pored mesta za parkiranje na kojem obično stoji naš auto – nema ničega. Samo jedan saobraćajni policajac koji nešto piše.

Priđem i pozdravim se, upitavši ga odmah gde je moj auto...

On prestade da piše za trenutak i pogleda me u oči, a zatim mi objasni da mi je auto odneo

pauk, na njegov poziv, zbog nepropisnog parkiranja...

Nepropisno parkiranje? Na parkingu ispred stambene zgrade? Tu nešto nije u redu... Ovde je uvek bilo dozvoljeno parkiranje...

E pa više nije... Od sutra će ovuda da kopaju za grejanje, dobili ste upozorenje da ne parkirate od večeras... Sve će biti u redu, kaže mi on, čim platite!

Kad sam pitao šta da platim, on je rekao: „Kaznu za nepropisno parkiranje, koju upravo pišem, plus uslugu odnošenja vozila, koju ću posle da pišem"...

Upitao sam ga da li to znači da ODMAH treba da platim, a ne prilikom preuzimanja vozila, a on odgovori potvrdno!

To mi je bilo vrlo neobično, ali mi je brzo objasnio da je to uvedeno pre nedelju dana i da je 20% jeftinije ako se odmah plati.

I šta sam drugo mogao – platio sam. Poslednjim novcem koji sam imao. A on mi je onda rekao gde auto mogu ujutru da preuzmem; onda se neuobičajeno brzo pozdravio i otišao, i to peške! Čudna neka policija, zar ne?

Malo kasnije, kad sam se vratio u stan, zatekao sam tamo ćerku koja se zapanjila i mnogo uplašila kad me je videla tako izgrebanog

i iscepanog, pa se odmah angažovala da me „sredi" pre nego što mama dođe i vidi me.

Kasnije je i moja supruga došla, pa smo sve troje seli da večeramo, a ja im onda pričao šta mi se sve desilo, kao sad Vama. Čak smo se i smejali na kraju.

A šta da radimo, sve je to život!

Eto, poštovani gospodine, ne preostaje mi ništa drugo nego da Vam se još jednom izvinim što nisam uspeo da dođem na dogovoreni sastanak i da vam ponovim da mi je mnogo žao što nismo bili u mogućnosti da uradimo taj intervju, pošto me je baš zanimalo, i još uvek me zanima, šta ste to želeli da me pitate.

S poštovanjem

_____

(mesto za potpis svakog onog stanovnika Nacionalnog parka SRBIJA koji je prethodno pripadao vrsti **Zapostavljeni Građanin**, pa je kao kolateralna žrtva POLUSMAKA POLUSVETA postao **Vaspostavljeni Plaćanin**)

Što smešnije, to tužnije

Ako je prihvatljiva Šekspirova misao da je svet pozornica, onda se možemo zapitati: kakva je ova naša? Tu nastaju nevolje jer se ne može lako odrediti kojem pozorišnom žanru pripadaju predstave koje se na njoj odigravaju.

Može nam se učiniti da su najbliže farsi zbog sirove posprdnosti i lakrdijaških gluparenja. Naša stvarnost jeste farsična. Ali, u njoj nema neodoljive veselosti, nema smeha. Nema ni oštroumlja, ni vedrine. To znači da ona nije dospela do farse.

Nije li naša zbilja najbliža vratolomijama vodvilja – ponajviše zbog stalnih zabuna i zamršenih odnosa? Naša realnost jeste operetska, ali je daleko od vodvilja jer u njoj nema ničeg lepršavog, a još manje virtuoznog. Zbog toga je ona daleko od bilo kojeg komediografskog žanra i bilo kakve komedijice. Dakle, nije ni vodvilj.

Po tome kako stvarnost može da opstaje naopačke, kako sve može poprimiti zastrašujući ton, diskord – nesklad u kome se približava i teško spojivo, kao što su iskustva komičnog i jezivog, komičnog i tragičnog – može se pomisliti da je ta stvarnost najbliža groteski. Kad znamo do kojih je literarnih visina stigla groteska kao žanr, onda moramo odustati i od takvog poređenja.

Drama i tragedija nisu za nas rezervisane. One nisu prikladne forme jer pretpostavljaju dignitet i ozbiljnost. Sa svojim herojskim stradanjem, duhom uzvišenosti i nezaobilaznom katarzom, tragedija pripada prošlosti.

Možda je, po odsustvu istinske komunikacije, naša realnost najbliža drami apsurda, ali je, suštinski, veoma daleko od njene značenjske višeslojnosti.

Zašto se ne možemo uklopiti ni u jednu predstavu, ni u jedan dramski žanr, a ipak izvodimo repertoar rđavog pozorišta?

Sve ovo govorim da bih pokazao na kakvim je mukama bio Dragoljub Ljubičić Mićko kad je hteo da se odredi prema državi u kojoj preovlađuju ekstremne forme života i ekstremistička ponašanja. Svakako, to je takva zajednica koju bi Emil Dirkem označio kao patološko društvo.

Autor se odlučio da iznutra prati šta se s tim društvom zbiva. I to bez mistifikacija i bez iluzija. Prema „svecu" i tropar. Nije mu bilo lako, jer je u „nacionalnom parku" iz blizine posmatrao ljude koji ne znaju šta čine. Njihova žestoka netrpeljivost proizašla je iz fanatizovanog uverenja, nedostatka osećaja mere, pravičnosti i svesti o odgovornosti. Tamo je sreo smešne i uobražene kreature, bića spremna da svakog trena izvrše moralno samoubistvo i da se pripreme za nova varvarstva predmodernog društva.

Ne samo kao multimedijalni umetnik, već i kao krizolog i fenomenolog, Dragoljub Ljubičić Mićko je u stanju duha nacije prepoznao ponajviše ludosti i apsurda.

I kad se odlučio da izvrgne podsmehu disharmoničnu i karikaturalnu stvarnost, autor je shvatio da je naš udes bilo teško pratiti kalamburom humora i prostodušnim smehom najviše stoga što se brutalizacija života našla u blizini tragičnog, pa je bilo suženo polje ironijskog razobličavanja.

Ipak, u Mićkovim varijacijama i tragično iskustvo je preoblikovano u diskurs smešnog i komičnog. Za to mu je bila neophodna distanca. Ona mu je bila potrebna zbog toga da taj bahati i nedorasli svet ne bi shvatao previše ozbiljno, a još više da bi ga mogao ismejati, da bi mogao da se s njim sprda. Tako se ostvarila doseta – što smešnije, to tužnije.

U knjizi NACIONALNI PARK SRBIJA, koja je dobila i svoj drugi deo, bliže određen kao POLUSMAK POLUSVETA, Dragoljub Ljubičić Mićko pokazuje da je u Srbiji ponovo – ista meta, isto odstojanje. Ništa! „Od ništa biće ništa", tvrdio je Niče. Ponovo je u igri „rđava beskonačnost". Iracionalno i endemsko, stihija banalnosti i agonalni košmar nadmoćno vladaju.

Autor je uveliko postao specijalista za haos, nasilje i bezakonje, za sve vrste anomalija. U njegovom „parku" prisutna su ponajviše čudovišta koja su pristigla iz polusveta podzemlja, iz provincijskih predgrađa, iz velegradske polutame, iz ratnog pakla, iz ničega. Među njima se ističu ratni profiteri i zločinu skloni tipovi – mafijaši i kriminalci. Sve što je bilo sporno u duhovnom i moralnom pogledu našlo se u samom središtu degradirane zbilje. Vreme krize, nespokoja, straha i praznine, svojom ispraznošću prate novi primitivci. Primitivizam, koji podupiru zurle i talambasi novokomponovane kulture, stiže do gradskih središta, u kojima se udomio folklorni duh i neoruralni životni stil. Zastareli voz klizi po kružnoj liniji.

Pokazao je da je prava veština u stvaranju ovakvog štiva naći pravu reč, osvojiti jezik koji je primeren humorno-ironijskom iskazu. U Mićkovom jeziku, u njegovoj lucidnoj sintagmi, sadržana je dinamična snaga duha, pretpostavka suštastvenog saznanja. Razumljivo je da jezik nije nikada samo instrument satiričnog mišljenja i duhovnih vežbi nego i podsticaj, možda i odlučujuća ironična provokacija. Stilski dijapazon iznenađujuće je širok: od veoma određenih i direktnih obraćanja do maštovitih poigravanja. Britkost, jezgrovitost i odsečnost proizvode blesak i varnicu kritičkog mišljenja. To mišljenje je tako sročeno da ne bi bilo zaboravljeno. Posle toga ništa više nije kao što je bilo pre toga.

Radomir Konstantinović je napisao: *Ako ne vidim čudovište, nije li to zato što sam i sam postao čudovište?* Ne znam ko je u nas bolje od Dragoljuba Ljubičića Mićka razumeo i osetio suštinu ovog pitanja. I dao na njega nedvosmislen i pregnantan odgovor. U tom smislu, ovaj originalni predstavnik srpskog humorizma svoje pisanje doživljava kao čin slobode i čin katarze.

Prof. dr Ratko Božović

O AUTORU...

DRAGOLJUB LJUBIČIĆ MIĆKO

Rođen je 1962. godine u Beogradu. Bavi se marketingom, scenskim radom i muzikom.

Kao glumac i tekstopisac u *Indexovom pozorištu* oštro je kritikovao vlast i društvo, koristeći se humorom, satirom i farsom. Bio je koautor filma Želimira Žilnika *Tito po drugi put među Srbima* i u njemu je igrao naslovnu ulogu, a u romantičnoj komediji *Potera za sreć(k)om* pojavio se kao jedan od glavnih junaka. Glumio je i u filmu Slobodana Šijana *SOS – Spasite naše duše*. U autorskim emisijama na radiju i televiziji vodio je kontakt programe sa širokim auditorijumom, spajajući socijalnu problematiku i dobru zabavu (*Kompleksna ličnost* na Radio Pingvinu i *Pozovi M ... ili će on tebe* na TV B92). Izdao je CD *Truba ... i druge priče*, na kojem je kompletan autor muzike i teksta. Jedan je od osnivača marketinške agencije *Tim talenata*, gde obavlja poslove direktora i kreativnog direktora.

Inspiraciju za sve što radi crpi iz sopstvene životne sredine, ali i sa brojnih putovanja po svetu.

Krajem 1999. napisao je knjigu *Nacionalni park Srbija*, koja je do danas štampana u deset izdanja i prodata u preko 100.000 primeraka, jer je vrlo brzo postala jedna od prvih piratski štampanih knjiga na ovim prostorima.

Živi i radi u Beogradu.

Biblioteka
Bez dlake na jeziku

Nacionalni park SRBIJA 2
Polusmak polusveta

prvo izdanje

Napisao
Dragoljub Ljubičić Mićko
www.mickoljubicic.net
e-mail: micko.ljubicic@yahoo.com

Ilustrovao
Dobrosav Bob Živković

Urednik
Ljiljana Marinković

Lektor
Violeta Babić

Prelom
Nebojša Mitić
Ljiljana Pavkov

CD
Autor i interpretator svih glasova
Dragoljub Ljubičić Mićko

Snimatelj zvuka
Vladimir Lubardić

Producent
Dragoljub Pejoski

℗ 2007, *Tim talenata*

Izdaje
Kreativni centar, Beograd, Gradištanska 8
tel. 011 / 38 20 464, 38 20 483, 24 40 659

Internet
e-mail: info@kreativnicentar.co.yu
www.kreativnicentar.co.yu

Za izdavača
Ljiljana Marinković, direktor

Štampa
Publikum

Tiraž
10.000

©2007, Kreativni centar

CIP – Каталогизација у публикацији
Народна библиотека Србије

821.163.41-7
821.163.41-84

ЉУБИЧИЋ, Драгољуб
    Nacionalni park Srbija. 2, Polusmak
polusveta / napisao Dragoljub Ljubičić
Mićko ; ilustrovao Dobrosav Bob Živković. -
1. izd. - Beograd : Kreativni centar,
2007 (Beograd : Publikum). - 120 str. :
ilustr. ; 24 cm + CD. - (Biblioteka Bez dlake
na jeziku)

Tiraž 10.000. - Str. 117-118: Što smešnije,
to tužnije / Ratko Božović. - O autoru: str.
[119].

ISBN 978-86-7781-536-3
1. Живковић, Добросав
COBISS.SR-ID 139366156